오스만 제국의 영광과 쇠락,
튀르키예 공화국의 자화상

오스만 제국의 영광과 쇠락,
튀르키예 공화국의 자화상

발행일   2022년 08월 30일

지은이   조윤수
펴낸이   조윤수
기획   홍나미
펴낸곳   대부등大不等
출판등록   2007년 8월 3일(제2007-000042호)
블로그   blog.naver.com/bigpinetree2022
이메일   bigpinetree2021@nate.com
전화번호   010-2419-6659

편집/디자인   (주)북랩
제작처   (주)북랩 www.book.co.kr

ISBN   978-89-960182-2-3 03910 (종이책)   978-89-960182-3-0 05910 (전자책)

이 전자책은 한국출판문화산업진흥원 '2022년 텍스트형 전자책 제작지원' 선정작입니다.

오스만 제국의 영광과 쇠락, 튀르키예 공화국의 자화상

조윤수 지음

대부등大不等

튀르키예 서부 라오디게아 ⓒ Celal Simsek

들어가는 글

삶과 죽음의 경계선에 있었다. 튀르키예에서 대사로 근무하던 시절, 전쟁과 테러의 그림자가 바싹 다가와 있었던 경험은 지금도 생생하다. 2016년 12월, 다른 일정으로 러시아 대사가 초청한 사진전에 참석하지 못했는데 이 행사를 주관하던 카를로브 러시아 대사가 경호원에 피살되었다는 소식을 듣고 경악하였다. 그는 북한 주재 대사를 포함하여 남북한에만 25여 년 근무하면서 한국을 사랑했던 외교관이었으며 이런 인연으로 가깝게 지냈다. 자신의 아들이 평양에서 외교관으로 근무하고 있어 대를 이어 남북한과 인연이 있다고 자랑하곤 했는데 그가 총을 맞고 즉사했다는 소식은 참으로 충격적이었다.

같이 일하던 튀르키예 직원의 아들이 테러를 당해 버스에서 폭사했다는 소식은 또다시 커다란 충격으로 다가왔다. 튀르키예군과 쿠르드족은 수십 년간 서로 불신하고 갈등하여 왔는데 2015년 이후에는 전쟁으로 비화되어 쿠르드에 의한 테러가 수도 앙카라를 비롯하여 전국 도시로 확산되어 불안하였다. 아울러 이라크의 사담 후세인 정권이 무너진 이후 이슬람 정권을 기치로 내세운 IS(이슬람 극단세력)가 시리아·이라크뿐만 아니라 튀르키예 내 각지에서도 테러를 자행해 튀르키예 사회도 혼란스러웠다. 수시로 일어나는 테러 때문에 근무 시간을 바꾸고 출퇴근 경로를 변경하였지만 폭탄 테러가 직원 가족에까지 미치니 무언가 옥죄어 오는 느낌이었다.

이렇다 보니 사회 분위기가 흉흉하였다. 테러와의 전쟁으로 300만여 명의 시리아 난민들이 튀르키예에 밀려왔고, 2016년 7월 군부 쿠데타가 실패하여 1년 이상 대규모 숙청작업이 이루어졌다. 이 와중에 집권세력은 권력을 지속적으로 장악하기 위해 100여 년 전통의 내각책임제 정치체제를 대통령제로 바꾸는 국민투표를 실시하여 그 목적을 달성하였다. 쿠르드와의 전쟁, IS 테러, 시리아 난민, 쿠데타 실패 및 정치체제의 변경 등 약 2년에 걸쳐 심각한 혼란을 직접 겪으면서 왜 이러한 상황이 발생할까, 그리고 강대국과 주변국들은 튀르키예·시리아·이라크의 혼란에 어떻게 반응할까 하는 의구심이 들었다. 테러와의 전쟁으로 점철된 소아시아·중동을 깊이 바라보는 계기가 될 수 있다는 생각도 들어 여러 전문가 및 주요국 대사들과 자주 교류하면서 서로 의견을 나누고, 또한 자료를 찾아보면서 기록해 나갔다.

튀르키예는 인류 문명의 보고寶庫이고 한때는 세계 역사의 한

축이었다. 튀르키예가 위치한 곳을 보면 동쪽에는 카프카스, 서쪽으로 유럽, 남쪽은 중동, 북쪽은 흑해를 지나 러시아·우크라이나와 접해 있다. 이러한 지정학적 이유로 고대 시절에는 페르시아·히타이트·트로이·그리스·로마·비잔틴 등 인류 문명이 꽃피우고 동서 문명이 교차하였다. 중세 오스만 제국은 소아시아·중동·북아프리카·발칸반도 지역을 장악하여 유럽을 위협하고 견제하는 세력이었지만, 19세기 말 20세기 초에는 그 세력권이 소아시아로 줄어들었다. 그러나 튀르키예의 전략적 중요성은 여전히 이어져 현재에도 중동과 카프카스 지역에서 벌어지는 인종적 갈등과 전쟁의 방파제가 되어 유럽으로의 전이를 막고 있고, 중동·카스피해 지역에서 생산되는 에너지원의 수출통로가 되어 유럽의 발전에 기여하고 있다.

튀르키예는 오스만 제국 시절 중동 지역을 통치하였고 이슬람이라는 공통분모를 가지고 있어 중동의 분쟁과 현황을 이해하는 데 디딤돌이 된다. 튀르키예는 또한 시리아 내전, IS 확장과 약화, 테러와 난민 등 국제적 분쟁과도 관련되어 있다. 20세기 이후 중동에서 테러와 전쟁이 빈번하게 일어나다 보니 우리는 수십 명의 사상자가 발생하는 테러에 대하여 점차 무감각해지고 사안이 복잡하구나 하는 느낌만을 가질 뿐이다. 이러한 상황에서 일부 전문가들이 중동의 혼란스러운 원인을 샤리아법과 같은 교조적인 이슬람 종교 교리 또는 수니·시아 종파 간 갈등에 초점을 맞추어 설명하고 있다. 종교적인 갈등이 현재의 종파 간 분쟁과 테러의 원인이 되고 여성 인권유린 등 비인도적인 행위로 나타나지만, 종교에 초점을 맞춘 분석은 부분만을 설명할 뿐이고 중동 문제를 전체적으로 이해하는데 편견을 조장할 가능성이 있다.

오히려 중동의 혼란은 20세기 초반 오스만 제국의 와해 이후 민족국가의 독립과 신생 국가 간 갈등, 영국·프랑스·러시아 등 강대국의 제국주의적 이해 충돌, 석유의 발견과 자원을 둘러싼 경쟁, 종교적인 갈등과 독재자들의 이슬람 종교 활용, 국가 발전을 인도하는 리더십 부재 등 요인이 복합적으로 혼재되어 수십 년간 지속되어 오고 있다. 특히 대부분의 중동 국가에서 강력한 권력을 장악한 군부·종교 지도자들이 장기간 통치하였음에도 국가를 부강하게 한 지도자는 없었다. 이집트의 나세르·사다트·무바라크, 이라크의 사담 후세인, 이란의 호메이니, 시리아의 아사드, 리비아의 카다피, 사우디 왕가 등 정치적으로 장기 집권을 하여 국제무대에서 그 이름이 오르내렸고 석유 자원과 국민적 지지가 있었음에도 국민들의 후생을 증진시키는 경제발전을 이루지 못하였으며 현재도 대부분의 중동 국가들은 사회적으로 불안하다. 정치·사회적 불안과 테러·전쟁의 원인이 종교적인 갈등에 있다기보다, 오히려 통찰력 있는 지도자의 부재가 더 중요한 요인이다. 이러한 측면에서 아타튀르크의 리더십과 에르도안 대통령의 부상은 중동 국가와 다른 체제의 튀르키예를 이해하는 데 도움이 되며, 또한 튀르키예의 변화와 주변국과의 관계를 참조하여 중동 문제를 살펴보게 되면 그 이해의 폭이 깊어질 것이다.

튀르키예는 우리와 각별한 관계에 있다. 튀르키예 민족인 투르크계는 6-7세기 고구려와 협력 및 경쟁관계였다. 또한 한국과 튀르키예 양국 국민 간에 문화적인 유사성이 여러 측면에서 나타나고 있으며, 특히 한국 전쟁이 발발했을 때 수많은 튀르키예 젊은이들이 공산주의 침략으로부터 우리를 구하는 데 커다란 기여를 하였다. 이러한 면을 보면 우리가 튀르키예에 더 관심과 애정을 가져야 할 터인데, 오히려 튀르키예인들의 한국에 대한 사랑이 더 크다. 너무나 가난했고 독립 후 스스로 서지도 못할 정도로 허약했던 한국이 현재는 세계 10대 경제국으로 부상한 데 대하여 튀르키예 국민들은 뿌듯해하고 또한 부러워한다. 이에 더하여 한국의 한류가 휩쓸고 있어 튀르키예 젊은이들의 한국어·한국 음식·한국 문화에 대한 열정은 전국 소규모 읍에서도 느낄 수 있었다. 튀르키예 정치지도자·학자들은 그렇게 가난했던 한국이 지금과 같이 성장할 수 있었던 이유가 무엇인지 정말로 배우고 싶어 필자에게 여러 차례 질문하곤 하였다.

튀르키예가 가지고 있는 애정에 비하여 우리는 튀르키예에 대하여 아는 것이 너무나 부족했고 필자도 대사로 파견되어 근무하기 전까지 몇 가지 조각 정보만을 가지고 있었을 뿐이었다. 이러한 상황에서 튀르키예 고위인사가 언급한 일화를 통하여 튀르키예와 우리 사이의 간격을 느끼고 그들이 생각하는 바를 알게 되었다. 필자가 튀르키예 대사로 부임하기 한 달 전 방한한 튀르키예 국회의장이 우리 국회의장에게 볼멘소리로 한 말이 귓가에 맴돈다. "한국과 튀르키예와의 관계를 비유하자면, 한 솥의 국을 먹으면서 한국은 국자로, 튀르키예는 티스푼으로 먹는 것과 같습니다. 이러한 것이 어떻게 형제국이고 혈맹관계라고 할 수 있습니까?" 한국과의 무역에서 무역역조가 크고 또한 매년 그 규모가 늘어나고 있는 불만을 비유적으로 표현하였다.

국회의장의 불만스러운 발언에는 다른 국가도 아니고 형제국이며 튀르키예가 도와주었던 한국이 그럴 수 있는가 하는 의미가 담겨 있다. 실제로 부임한 이후 거의 1년에 걸쳐 튀르키예 고위인사들은 한국과의 관계에서 무역역조 현황에 주로 불만을 제기해 와 필자는 무역뿐만 아니라 투자·고용·관광·기술이전 등을 종합해 보면 튀르키예가 오히려 이익을 얻고 있다고 강조하고 오히려 경제발전 전략과 제도의 전수 등 더 큰 그림으로 서로 협력할 방안을 설명하곤 하였다.

튀르키예 정부가 무역 문제를 여러 국가에 제기하는 이유는 경제적 어려움 때문이었다. 에르도안 정부는 2003년 집권한 이후 10여 년의 짧은 기간에 국민총소득이 4배나 상승하는 성과를 거두었다. 그러나 2015년 이후 사회적 불안이 지속되면서 튀르키예 경제도 주춤거리고 있다. 이 이유가 무역역조라고 그들은 생각하지만 코로나와 같은 외부적인 요인과 함께 변화에 대하여 유연하게 대응하지 못하는 시스템이 중요 원인이기도 하다. 최근 튀르키예 리라화가 급격히 하락하는 요인도 경제적 구조조정이 이루어지지 못한 가운데 적절한 정책으로 대응하지 못했던 점과 함께 정치적 요인에도 기인한다. 다시 한번 도약하기 위해서는 경제 패러다임을 바꾸어야 함에도 새로운 시도를 하는 데 주저하고 있었다. 튀르키예가 당면한 과제는 자국의 경제를 한 단계 더 끌어올리기 위하여 기존의 성장 전략과 다른 전략과 정책을 개발하고 적용하는 것이다. 두 나라가 협력할 분야는 무역역조 해소보다 전략적 경제협력이라고 설명하면서, 튀르키예가 한국의 성장 과정을 참조하여 자국에 맞는 발전 전략을 모색하는 데 공동으로 노력해 볼 것을 튀르키예 지도층과 학자들에게 수시로 전달하였다.

튀르키예는 우리와 달리 다민족 국가이고 오스만 제국이 와해되는 아픔으로 강대국에 대한 불신이 강하다. 또한 인종적으로 유목민 성향을 가진 투르크계, 종교적으로 중동의 이슬람, 정치·경제적으로 유럽과 경쟁해 온 오스만 제국의 정서가 혼합되어 있다. 이러한 튀르키예를 이해하기 위해서는 중앙아시아·중동·유럽과의 문화, 경제적인 관계를 함께 보아야 한다. 그러나 아쉽게도 이러한 흐름과 변화를 안내하는 책이 국내에는 그다지 없다. 주로 튀르키예의 역사 유적지와 관광지에 대한 정보를 제공하는 정도에 불과하다. 600년 역사의 오스만 제국 흐름과 와해 과정, 100년 역사의 튀르키예 공화국 건국과 사회적 변화, 튀르키예인들이 가장 존경하는 아타튀르크와 그의 리더십 등에 대한 정보를 얻기가 쉽지 않다. 특히 현재의 튀르키예를 이해하기 위해서는 2003년 이후 현재까지 통치하고 있는 에르도안 대통령의 정책과 주변 국가와의 관계를 알아야 함에도, 이를 설명하는 책은 거의 없다. 이러한 이유로 필자가 대학에서 강의하면서 교재를 선정하기가 어려웠으며, 에르도안 정부 출범 이후 튀르키예의 최근 모습에 대해서는 대사로 재임하던 시절의 기록을 정리하여 학생들에게 제공하곤 하였다. 이 책은 그 결과물로서 오스만 제국보다는 튀르키예 공화국에 보다 많은 초점을 맞추었으며, 그 가운데서도 현재 에르도안 대통령의 정치적 성장 과정, 집권 후 정책과 대외관계에 중점을 두었다. 아울러 그동안 터키 공화국이라는 국명이 사용되었으나 2022년 6월부터 튀르키예 공화국으로 변경되었기에 국가명을 튀르키예 또는 튀르키예 공화국으로 명기하였음을 미리 밝히고자 한다.

목차

Ⅱ 튀르키예 공화국의 자화상

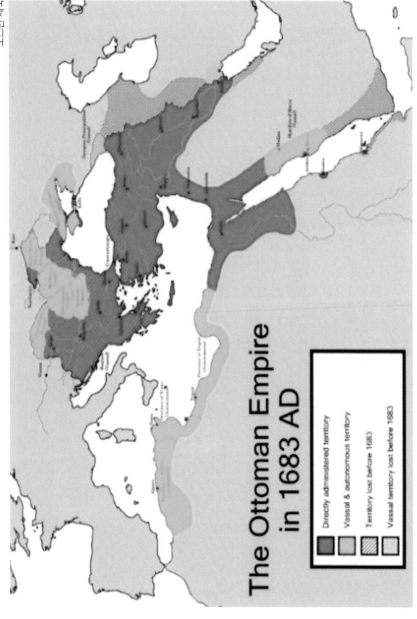

**The Ottoman Empire
in 1683 AD**

Directly administered territory

Vassal & autonomous territory

Territory lost before 1683

Vassal territory lost before 1683

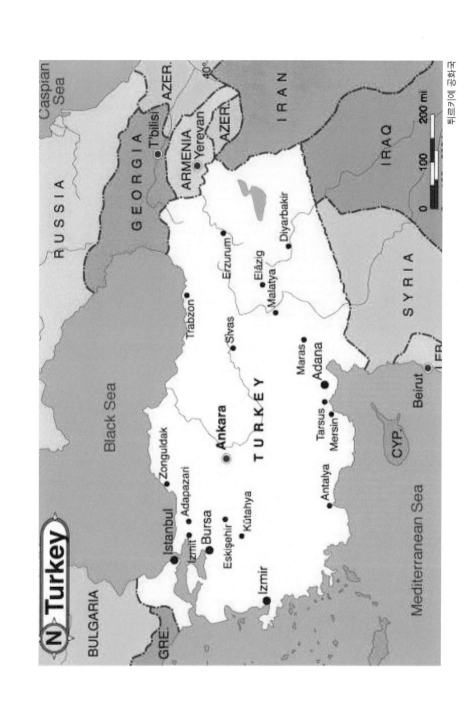

튀르키예 공화국

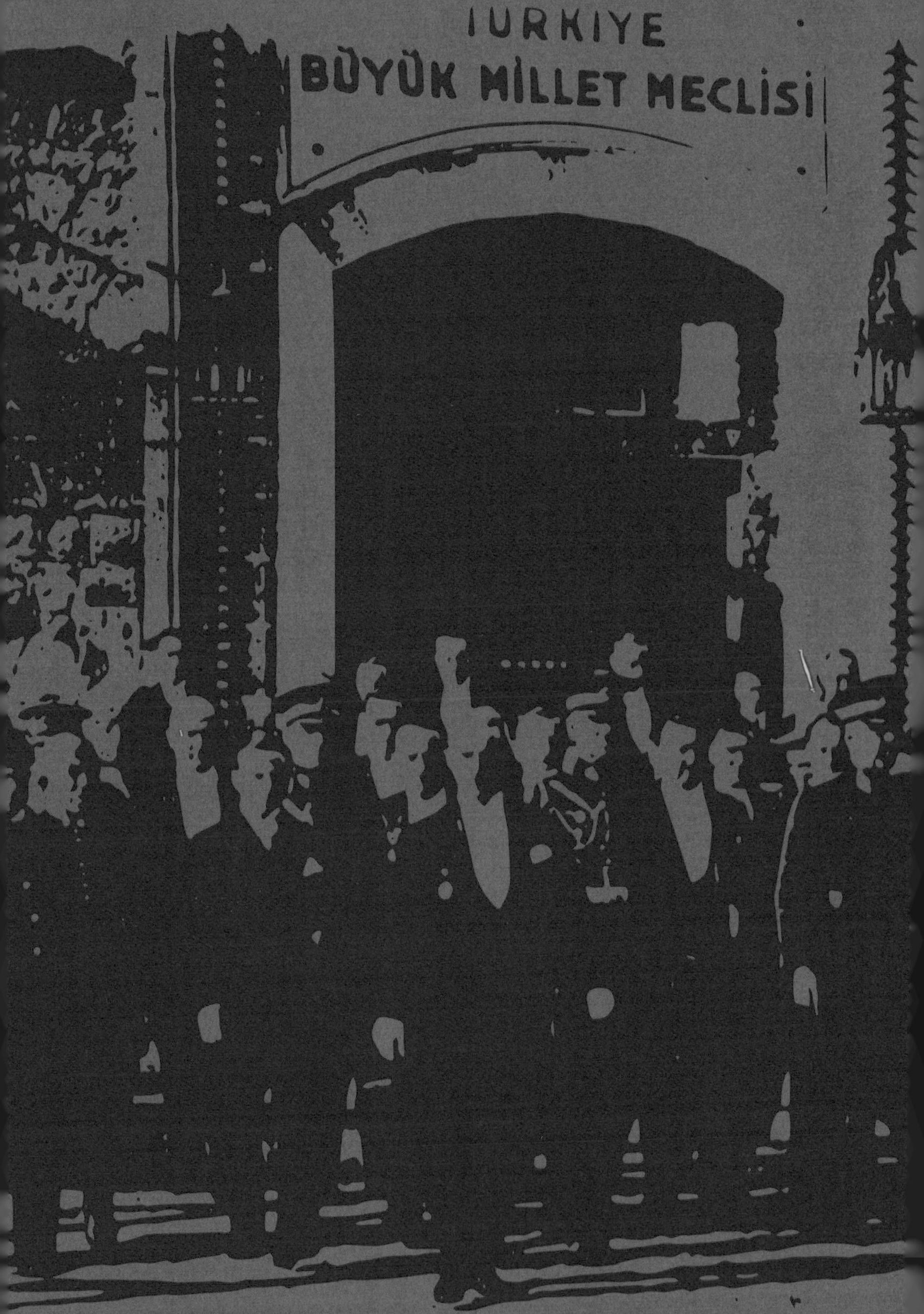
IURKIYE
BÜYÜK MİLLET MECLİSİ

I

오스만 제국의
영광과 쇠락

01

다양한 민족과
문화의 집결지

처음 튀르키예를 방문했던 1998년이나, 2014년부터 2017년까지 대사로 근무하면서 드나들었던 이스탄불 국제공항에서 항상 느끼는 것은 사람의 종류가 이렇게 많은가 하는 점이다. 튀르키예 이스탄불 공항에 도착하면 여러 인종의 사람을 만난다. 영화배우같이 멋있는 아랍 사람, 구레나룻으로 뒤덮인 구릿빛 얼굴로 테러리스트를 연상케 하는 사람, 머리에서 발목까지 검은 천으로 뒤덮고 눈 언저리만 보이는 여성, 오뚝한 코에 민소매와 짧은 반바지를 입은 여성 등 각양각색의 사람을 만난다. 명실공히 인종의 전시장이다. 코로나 상황 발생 이전에는 연간 8,000만여 명의 사람들이 공항을 경유하고, 튀르키예를 방문하는 여행객만 연간 4,000만여 명이 되었다고 하니 전 세계의 모든 인종들이 오가는 길목이라고 보아도 과언이 아니다.

여러 인종이 이스탄불에 모이는 것은 단지 최근의 일만은 아니다. 메흐메트 2세가 콘스탄티노플을 점령한 이후의 15세기 기록을 보면 콘스탄티노플에 72.5종의 인종이 살았다고 한다. 여기서 0.5 인종은 집시를 의미한다. 당시 이스탄불이 다민족, 다문화의 집결지였던 데는 그 이유가 있다. 메흐메트 2세가 콘스탄티노플을 점령하였으나 주민 대부분이 기독교인이었고 새로이 진입한 투르크계로만으로는 도시를 운영할 수 없었다. 이를 위하여 메흐메트 2세는 발칸 및 소아시아 다른 지역에서 사람들이 옮겨 오도록 여러 유인책을 제공하고 심지어 강제 이주시키기도 하였다. 종교, 인종에 관계없이 인구 유입을 환영하고 각자의 종교를 믿는 자치 기구를 만드는 것도 허용하였다. 이러한 전통이 오스만 제국 패망 시까지 이어져 왔다. 이후 튀르키예 공화국 시절에는 2차 대전, 이란-이라크 전쟁, 아프가니스탄 내전, 이라크 분열, 시리아 내전으로 모국을 버리고 탈출한 난민을 수용하였다. 교통 요충지에 더하여 난민에 대한 관용 등으로 지금도 이스탄불에는 각양각색의 인종이 더불어 살고 있는 것이다.

다양한 사람들로 구성되고 중층적인 역사를 품고 있는 튀르키예에는 이야깃거리가 풍부하다. 이솝이 고대 그리스의 이야기꾼이라고 한다면 오스만 제국의 이야기꾼은 나스레딘 선생이다. 그를 통하여 튀르키예인들의 문화와 관습을 이해하게 되면 우리에게 생소한 오스만 제국에 좀 더 가까이 다가갈 수 있을 것이다. 나스레딘 선생의 우화 가운데 황희 정승의 이야기와 너무나 비슷한 이야기가 있어 깜짝 놀랄 정도이다. 나스레딘이 활동하던 때가 13세기이고, 황희 정승은 14세기 말부터 15세기 중반이니 아래 이야기가 우연인지 아니면 문명 교류의 흔적인지는 알 수 없다.

선생은 한때 심판관이기도 했다. 어떤 사람이 선생에게 와 다른 사람에 대하여 불만을 토로하였다. 그가 말하는 것을 다 들은 후 선생은 "그래, 당신이 옳아!"라고 말해 주었다. 조금 있다가 다른 사람이 와서 아까 말한 사람에 대하여 불평하여, 선생은 똑같이 "그렇구나, 당신이 옳아!"라고 대꾸해 주었다. 이것을 보고 있던 선생의 부인이 기가 막혀 선생에게 "당신을 이해하기가 어렵구려. 이 사람도 옳다 하고 저 사람도 옳다 하니 어떻게 그럴 수가 있소?"라고 하니 선생이 조용히 듣고 나서 "그래요. 당신 말도 옳아요"라고 대답하였다.

우화를 통하여 자신의 이야기를 재미있게 전하는 튀르키예인들은 자신들의 뿌리를 어디에서 찾을까? 유럽의 일환이기를 원하는 튀르키예인들임에도 그들은 투르크임을 자랑스럽게 생각하고 더 나아가 흉노 및 훈족에서 그들 조상의 뿌리를 찾고 있다. 나스레딘 선생의 고향인 튀르키예 중부의 소읍 시브리히사르(Sivrihisar)와 1차 대전 당시 아르메니아인들이 주로 거주했던 튀르키예 동부의 카르스(Kars)라는 곳에 가면 튀르키예인들의 조상을 상징하는 두상들이 쭉 나열되어 있다. 흉노족, 훈족에 이어 돌궐의 부민 카간, 위구르의 장수, 셀주크의 투그릴 장수, 몽골의 바투 칸, 티무르 제국의 티무르 제왕, 오스만 제국의 창시자 오스만 장군, 메흐메트 술탄, 아타튀르크 대통령에 이르기까지 그들이 생각하는 조상의 투르크 뿌리를 엿볼 수 있다. 오스만 제국의 근본은 기원전부터 세계를 아우르는 대국이었다는 것을 자랑하고 싶어 두상들을 나열하고 있는 것 같았다.

오스만 제국의 상징, 술탄 아흐메트 자미(블루 모스크) ⓒ Murat Guelyaz

오스만 제국의 영광과 쇠락, 튀르키예 공화국의 자화상

02

작은 공국에서
제국으로

　투르크 민족은 돌궐에서 서진하여 중앙아시아·중동에서 위세를 떨친 셀주크 제국과 소아시아를 기반으로 동유럽·중동에까지 영향력을 행사한 오스만 제국을 건설하였다. 앞으로 다룰 국가는 소아시아를 기반으로 하는 오스만 제국과 이를 이어받은 튀르키에 공화국인데, 투르크 민족이 소아시아에 진출하기 시작한 것은 1071년 돌궐계통의 셀주크 투르크가 소아시아 동부 만지케르트에서 비잔틴 제국과의 전투에서 승리하면서부터이다. 셀주크 제국은 한때 이란·카프카스·중앙아시아·소아시아에 걸쳐 널리 세력을 확장하였는데 13세기 중반 몽골의 침략으로 무너져 내렸다. 셀주크 투르크가 멸망하자 힘의 공백이 생기고 소아시아 북동부 지역의 작은 공국이 움틀거리면서 조금씩 세력을 얻어 나가기 시작했는데 그 장수가 오스만이었다. 1299년 건국된 것으로 기록된 작은 공국은 점차 뻗어나가 소아시아·발칸반도·중동 및 북아프리카까지 세 대륙에 걸쳐 1922년까지 600년 이상 제국으로 군림하였다.

고대 문명과 아랍 문명을 품고 있고, 찬란했던 그리스·로마 문명을 유럽에 전수하였으며, 유럽 세력의 균형자 역할을 하면서 200여 년간 최강자로 군림했던 오스만 제국은 17세기 이후 쇠퇴하면서 유럽의 병자로만 자주 인용될 뿐 유럽을 좌지우지하던 제국의 기개는 평가를 받지 못하고 역사에서도 그다지 회자되지 않고 있다. 오스만 제국에 의하여 콘스탄티노플이 점령되면서 무너진 동로마 제국, 300여 년의 대영 제국, 200여 년의 러시아 제국 등은 자연스럽게 다가오나, 오랫동안 군림하면서 불과 100년 전에 허물어진 600년 역사의 오스만 제국은 잘 알려지지 않았다.

오스만 제국이 태동하던 13세기 후반 소아시아에는 비잔틴 제국, 발칸반도에는 세르비아·불가리아 등의 국가, 중동에는 아바스 왕조 및 셀주크 제국을 무너트린 몽골 계통의 일 칸국이 자리 잡고 있었다. 비잔틴 제국은 이미 노쇠하여 주변 지역에 대한 통제 능력을 상실하여 가고 있는 가운데 투르크 계통의 공국이 소아시아 북동 지역에서 꿈틀거리고 있었다. 이렇게 생겨난 작은 공국이 불과 100여 년 만에 제국으로 성장하였다.

오스만 제국의 국호는 1대 통치자이었던 오스만의 이름에서 유래하였다. 성장하는 과정을 보면 투르크계의 셀주크 제국이 중동·소아시아에서 세력을 펼치고 있는 동안 각 지방에서는 여러 토후

가 통솔하고 있었다. 그 가운데 오우즈(Oguz) 투르크족의 일원이 었던 에르투룰(Ertugrul)이 소아시아 북동 지역에 조그만 영토를 얻어 자리 잡았다. 그의 아들이 오스만 제국의 창건자로서 역사에서는 오스만 장수(Gazi)라고 일컫는다.

튀르키예인들은 지금도 오스만 장수의 부친인 에르투룰을 가깝게 생각하여 그의 이름을 거리나 선박에 명명하기도 한다. 에르투룰 호와 관련하여 널리 알려진 군함 좌초 사건이 있는데 일본과 튀르키예 간에 중요한 가교 역할을 하고 있다. 19세기 말 압둘 하미드 2세 술탄은 유신개혁을 추진한 일본과 우호 관계를 돈독히 하기 위해 에르투룰 호를 파견하였는데, 1890년 귀로에 태풍을 만나 600여 명의 수병이 죽고 일본 주민들의 구조 노력으로 69명이 구조되었다. 이 사건은 오스만 제국에 커다란 반향을 일으켜, 양국 수교 125주년이던 2015년, 튀르키예에서 '에르투룰'이라는 영화를 만들어 당시의 사건을 되새길 정도이다.

오스만 1대(1299-1326) 장수에 이어 오르한 2대(1326-1362) 장수는 부르사(Bursa)로 근거지를 옮겼다. 튀르키예 5대 도시 중의 하나인 부르사는 중부의 콘야와 더불어 이슬람 관습을 지켜나가는 매우 보수적인 도시이다. 콘야가 한때 셀주크 왕조의 수도였던 데 반해, 부르사는 오스만이 제국으로 발전하는 단계에서 처음 수도가 된 곳이었다. 이곳에 오스만과 오르한의 성묘가 안치되어 있어 튀르키예 사람들은 성지라고 여기고 있다. 3대 무라드 1세(1362-1389)

는 그리스 지역을 점령하고 불가리아·마케도니아·세르비아 지역으로 전장을 확대해 나갔으나 코소보 전투에서 살해되었다. 그는 유럽에 속한 에디르네(Edirne)로 수도를 옮기는 등 발칸 지역에 세력을 확장해 나갔으며, 비로소 술탄으로서 위상을 갖추게 되었다. 무라드 1세가 수도로 삼았던 에디르네는 현재 그리스 및 불가리아 국경과 불과 30분 거리에 있으며 예전과 마찬가지로 여전히 교통의 요충지이다. 이곳에는 오스만 제국의 가장 유명한 건축가 미마르 시난이 건축한 셀리미예 모스크가 있다. 이 모스크는 시난이 자신의 최대 역작이라고 내세웠으며, 세계문화유산으로 선정되어 튀르키예인들의 자랑거리이기도 하다.

4대 바예지드 1세(1389-1402) 술탄의 재위 기간 동안 오스만 공국은 제국으로 발돋움하였지만, 다른 한편 오스만 제국이 멸망할 위기를 맞기도 했다. 술탄은 불가리아를 점령하고 헝가리를 침략하였으며, 십자군의 공격을 막아내면서 발칸반도에서의 지배를 확고히 하였다. 그러나 1402년 앙카라 전투에서 티무르 군대에 패배하여 술탄은 포로가 되었고, 이후 풀려났지만 그 다음 해 자살하는 사건이 발생하였다. 이후 왕권을 놓고 네 아들 간의 다툼으로 치열한 내분이 벌어져 오스만 제국은 거의 사라질 단계까지 이르렀다.

오스만 제국의 등장 과정으로 보면 조그만 공국이 불과 100년 만에 어떻게 급속히 세력을 확장하여 제국으로 변모하였을까 하

오스만 제국의 영광과 쇠락, 튀르키예 공화국의 자화상

는 생각이 든다. 14세기 시대적 상황을 살펴보면 당시 유럽과 발칸 지역 국가들은 서로 전쟁을 하느라 정신이 없었고 분열되어 있었기에 존재감이 미약한 오스만 공국을 그다지 견제하지 않았다. 유럽에서는 프랑스와 영국이 백년전쟁을 하고 있었고, 구교 세력인 비잔틴·세르비아·불가리아는 발칸반도를 두고 경쟁하고 있었으며, 베네치아와 제노아도 상업적 이해를 두고 경쟁하였다. 이들 나라 간의 경쟁으로 오스만 제국이 초기에는 외부 세력으로부터 견제를 거의 받지 않았지만 그것만으로 오스만 제국으로까지 확장할 수 있는 것은 아니다. 팽창하여 나가는 과정에서 자체적인 인력이 부족하여 점령한 지역의 젊은이들을 이슬람으로 개종시켜 오스만 군인으로 편입시켰는데, 예니체리라고 불리는 이들 신식 군대가 전투의 선봉에서 커다란 역할을 하였기에 급속히 발전할 수 있었다.

비슷한 예로 중동의 변화를 이해하는 데 있어 정복된 국가의 우수한 인력이 어떻게 활용되었는지를 살펴볼 필요가 있다. 751년 고선지 장군이 이끄는 당나라와 중앙아시아 세력이 탈라스 전투를 벌인 바 있다. 당시 열세였던 중앙아시아 세력이 이슬람 아바스 왕조의 도움으로 당나라를 물리쳤다. 이를 계기로 중앙아시아의 이슬람화가 시작되었으며 아바스 왕조와 협력관계가 진행되었다. 새로이 부상한 아바스 왕조가 750년 우마이야 왕조를 물리치고 1258년 몽골에 의하여 무너지기까지 무려 500여 년간 유지할 수 있었던 이유의 하나는 중앙아시아의 우수 인력을 활용하였기 때문이다. 중앙아시아 등 외부에서 충원하여 노예라고 불렸던 우수한 인력이 아바스 왕조의 중요한 직책에까지 올라 왕조가 오래 지속될 수 있었다. 이집트의 맘루크 왕조도 노예 왕조라고 불리는데 이 왕조에서도 점령한 지역의 우수 인력이 그 근간을 이루었다. 오스만 제국에서 예니체리의 위상은 시일이 가면서 점차 높아져 재상으로까지 올라가고 술탄의 하야·살해·등극에까지 관여하는 막강한 세력으로 부상하였던 점에 비추어 보면 미국에서 백인에 예속되었던 흑인 노예, 유럽에서 영주에 예속되었던 농노와는 전혀 다른 개념이다.

오스만 제국의 경우 공국 시절부터 다른 인종을 개종시켜 결혼하고 수용하는 데 적극적이었고, 이들을 술탄의 최측근 세력으로 활용한 것이 급속한 성장 배경이 되었다. 3대인 무라드 술탄은 소아시아와 발칸의 점령지에서 기독교 청소년을 사로잡아 군대로 편성했으며, 4대 바예지드 1세는 이들을 강제로 이슬람교도로 개종시킨 이후 결혼도 허용하지 않고 강하게 훈련시켜 술탄의 친위부대로 양성하였다. 이와 같이 오스만 제국 초기에는 외부 우수 인력을 포용하고 수용하여 강력한 제국으로 성장하는 데 활용하였다. 그러나 점차 시일이 지날수록 술탄의 정치력 부재와 함께 예니체리가 권력을 독점해 나가면서 제국은 점차 활력을 잃어갔다. 예니체리 세력은 창설된 지 얼마 되지 않았을 때부터 전쟁터에 나갈 때나 술탄이 바뀌는 과정에서 보수를 올려 달라고 요구하고, 술탄은 이들의 지원을 얻기 위하여 성과금을 지불하였으니 그 부작용이 오스만 제국 초기부터 배태되고 있었음을 알 수 있다.

　오스만 공국은 100여 년 만에 제국으로 우뚝 섰지만 바예지드 1세 술탄이 티무르 군대에 사로잡힌 이후 거의 무너질 상황이었던 점을 언급한 바가 있다. 그러나 불과 50년 만인 1453년에 콘스탄티노플을 점령할 정도로 제국으로 다시 재기하였던 점은 역사가들에게 또 다른 호기심을 불러일으키기도 했다. 만약 티무르가 퇴각하지 않고 소아시아를 정복하고자 하였다면, 오스만 제국은 그대로 무너져 내렸을 것이다. 티무르 제국은 중국 명나라를 침입하기 위하여 철수하였기에 오스만 제국은 살아남을 수 있었다. 또한 당시 소아시아와 발칸 지역에서 주도적인 국가가 없는 가운데 어느 정도 세력이 있었던 베네치아, 콘스탄티노플의 비잔틴, 발칸의 세르비아·알바니아, 소아시아의 지방 토호 세력은 현상유지를 원하였으며, 허약해진 오스만 제국의 재건을 그다지 경계하지 않았다. 이러한 외부 요인과 함께 예니체리라고 불리는 노예 출신의 술탄 근위대 및 시파히라고 불리는 기병 군대의 적극적인 지지, 봉건체제보다 중앙집권체제로부터 더 큰 혜택을 누릴 수 있는 농업 및 상업 세력의 지원, 그리고 성전의 지도자로 오스만 술탄을 후원하는 이슬람 지지 세력 등 내부 요인이 복합적으로 작용하여 단기간에 소아시아의 주도 세력으로 재부상할 수 있었다.

바예지드 1세 이후 메흐메트 1세(1413-1421) 및 무라드 2세(1421-1451)의 안정화 시대를 거쳐 메흐메트 2세(1451-1481) 시기에 돌입했다. 메흐메트 2세는 불과 19세의 어린 나이에 즉위하여 선조들이 점령하지 못한 콘스탄티노플을 불과 2년 만에 함락시켰다. 콘스탄티노플의 함락은 기독교인들에게는 로마 제국의 몰락이고, 기독교 문명의 쇠퇴와 유럽의 전체적인 세력 약화를 의미하였으며, 앞으로 헝가리·이태리·오스트리아 등 합스부르크까지 침략하지 않을까 하는 깊은 우려가 유럽 전역에 퍼졌다. 반면, 이슬람교도들에게는 마호메트의 소명을 달성하고, 오스만 제국의 위상을 올리면서 강대 세력으로 부상하여 유럽의 세력과 경쟁할 수 있는 역량을 드높이게 되었다. 아울러 동서를 잇는 상업 항구를 장악하여 상업 중심지 및 군사 요충지로의 역할을 담당할 수 있게 되었다. 메흐메트 2세는 주로 유럽 및 흑해 지역으로 통치 영역을 확장하였지만 베오그라드 및 로도스섬은 장악하지 못했다. 메흐메트 2세 이후 무라드 2세-셀림 1세-슐레이만 대제가 통치한 110여 년은 오스만 제국의 전성기였다. 슐레이만 대제는 메흐메트 2세와 셀림 1세가 넓힌 영토를 이어받았다. 이에 기반하여 유럽의 헝가리·흑해 북단, 북아프리카 지역, 중동의 이라크·시리아·이집트에까지 이르는 대제국을 건설하였다.

15-16세기 오스만 제국의 100년 이상 전성기는 12-13세기 중국 원나라의 태조(칭기즈 칸) 이후 세조(쿠빌라이)까지 70여 년, 17-18세

기 청나라의 강희제·옹정제·건륭제 등 140여 년과 같이 급속한 속도로 세력이 확산되던 때와 비교된다. 오스만·원·청 제국은 빠른 속도로 정점을 달성한 점뿐만 아니라 예상외로 빠른 속도로 몰락해 나가는 모습이 유사하다. 쿠빌라이 칸과 건륭제는 원나라와 청나라의 가장 위대한 지도자였는데, 문제는 두 황제가 사망한 이후 역량을 갖추지 못한 후계자로 인하여 제국이 사상누각과 같이 무너지기 시작하였던 점이다. 오스만 제국 역시 비슷한 양상을 띠어 슐레이만 대제 이후 제국이 방향을 잃었다. 원나라는 칸 시대 막바지에 일본·안남 지역 정복 실패와 후계자 간의 경쟁으로 내리막길을 겪더니 100년도 못 되어 북쪽으로 밀려나게 되었다. 청나라는 건륭제 이후 점차 쇠퇴하기 시작하여 1842년 아편전쟁을 겪으면서 국내적인 혼란과 외국의 지속적인 간섭으로 1911년 신해혁명으로 멸망하는 과정을 밟았다. 오스만 제국 역시 슐레이만 대제 이후 강력한 통치력이 상실되어 표류하는 가운데 200여 년간 점차 세력을 잃어가다가 1차 대전에 참전하여 패전한 이후 1922년 멸망하였다. 뛰어난 지도력으로 제국의 최전성기를 이루었던 통치자 이후에 쇠퇴하는 양상이 공통적인 것을 보면서 지도자의 중요성을 새삼 느끼게 된다.

03

술탄직 계승과
형제 살해

오스만 제국은 국가 제도에 있어 다른 제국과 비교하여 몇 가지 특이한 면을 보이고 있다. 술탄직의 계승에 대하여 살펴보면, 정비를 통하여 얻은 자식이 아니라 정복지에서 거둔 노예 출신의 후비를 통하여 얻은 자식이 주로 술탄직을 계승하였다는 점이다. 정비는 정치적인 목적으로 결혼하는 경우가 많았는데 일정한 영토를 가져오거나 아니면 영토 정벌을 위하여 연맹을 필요로 하는 나라의 군주 딸과 결혼하는 방식이었다. 제국 초기 무라드 1세, 정복자 메흐메드 2세, 바예지드 2세 등 대부분 술탄의 모친이 노예 출신이었으며, 셀림 1세의 경우 부친인 바예지드 2세가 정비로부터 얻은 자식이었던 것이 오히려 예외적이었다. 조선의 27명 왕 가운데 적장자로 계승된 경우가 7명에 불과한 사실도 연상된다.

정치구조에서 술탄의 부인 또는 모친의 역할도 살펴볼 필요가 있다. 9대 술탄까지는 부인이 단지 술탄을 낳고 기르는 정도에 그

친 반면, 슐레이만 대제부터 술탄직 승계 및 국내 정치에 적극 관여하는 양상을 보였다. 그 시초가 슐레이만 대제의 후비였던 후렘(Hurrem, 일명 록셀란)으로 대제의 큰아들을 죽이는 데 관여하고 자신의 아들인 셀림 2세가 승계하도록 하였다. 이후 셀림 2세의 후궁인 누르바누(Nurbanu), 무라드 3세의 후궁인 사피에(Safiye), 아흐메드 1세의 후궁인 쾨셈 마흐페이케르(Koesem Mahpeyker)가 아들 술탄의 국정에 깊이 관여하면서 제국 쇠퇴의 원인이 되기도 하였다.

또 다른 특징은 술탄직 승계 후 형제를 살해하는 관습이다. 술탄직 승계방식은 시기마다 다른 양상을 보여 왔는데 초기에는 장자가 상속하는 것이 아니라 쟁투를 통하여 승계하는 방식이었기에 형제간의 다툼이 지속되었다. 3대 무라드 술탄은 즉위 후 자신의 형제들을 죽였는데 이것이 시초가 되어 형제 살해 관습이 지속되었다. 4대 바예지드 1세는 티무르 왕에 잡혔다가 풀려나온 이후 바로 죽어 그의 아들 사이에 투쟁이 심했다. 형제간의 다툼은 제국의 존립을 위협할 수 있기에 형제 살해의 관습을 메흐메트 2세는 아예 법령화하였다.

셀림 1세 및 슐레이만 대제 역시 형제를 죽였는데 심지어 메흐메트 3세는 형제 및 조카 19명을 한 번에 살해하기도 하였다. 3대 무라드 1세 술탄이 즉위한 1389년부터 14대 아흐메드 1세가 즉위한 1609년까지 무려 200년 이상 형제 살해 습관이 지속되었으며 권력 승계를 위하여 후비, 대재상, 고위관리 등의 음모와 결탁 등 정치적인 불안 요인이 항시 존재하였다. 아이러니한 것은 형제 살해가 이루어지던 시기에 제국이 번영하고, 이 전통이 폐지된 이후 제국이 점차적으로 쇠퇴하였다는 사실인데 승계 후 불안 요인의 제거가 제국의 발전에 어느 정도 기여했다는 점은 부정할 수 없다.

오스만 제국의 영광과 쇠락, 튀르키예 공화국의 자화상

비잔틴 제국의 상징, 성 소피아 성당 © Murat Guelyaz

04

정복자 메흐메트 2세:
정치적 잔혹성과 종교적 관용

　메흐메트 2세는 무라드 2세와 노예 출신인 후비와의 사이에서 태어났다. 이복인 그의 두 형 가운데 큰형은 급사하고, 작은형은 그 두 아들과 함께 피살되어 자연스럽게 메흐메트가 술탄직을 이어받을 수 있게 되었다. 그는 당시 관행에 따라 어린 시절부터 중부 지역의 아마시아, 서부 지역의 마니사에서 지역 총독으로서 술탄 수업을 받았다.

　메흐메트가 불과 12세를 갓 지났을 때 아버지인 무라드는 측근인 할릴 재상의 반대에도 불구하고 술탄직을 양위하였다. 그러나 유럽 나라들이 이러한 상황을 파악하고 십자군을 조직하여 침략하였기에 무라드가 다시금 술탄으로 복위하기도 했다. 무라드 사후 메흐메트가 술탄으로 정식 복귀한 것은 19세의 나이였다. 1451년 즉위 후 그는 이복동생을 교살시켜 형제간의 다툼을 미연에 방지하였을 뿐만 아니라 법령을 만들어 새로운 술탄이 즉위하면 그

　오스만 제국의 영광과 쇠락, 튀르키예 공화국의 자화상

형제를 살해하도록 하여 형제간 다툼을 없애도록 하였다. 형제를 살해하는 전통은 14대 아흐메드 1세가 1609년 즉위하면서 형제 살해 관습을 없애 사라지면서 동생인 무스타파 1세가 이후 술탄직을 승계하였다.

메흐메트 2세는 즉위 후 불과 2년 만에 콘스탄티노플을 점령하였다. 수백 년간 동로마의 수도로서 비잔틴 제국의 상징이었으며 선대들이 수차례 점령코자 하였던 콘스탄티노플을 함락시켜 오스만 제국의 가장 위대한 술탄으로 자리매김하면서 정복자라는 칭호를 얻게 되었다. 그는 콘스탄티노플 점령 후 선대의 재상으로서 여러 차례 자신의 능력에 의문을 표시했고, 콘스탄티노플 함락 전쟁에 소극적이었으며, 심지어 비잔틴 세력과 연결되어 있다고 소문이 나돌았던 할릴 재상(Halil Pasha)을 파직시키고 사형시켰다.

형제를 죽이고 재상을 내쳤던 메흐메트 2세였지만 종교적으로는 관용을 베풀었으며 사회의 안정을 위하여 여러 노력을 하였다. 그는 콘스탄티노플을 이스탄불로 이름을 바꾸고 종교와 관계없이 가능한 한 많은 사람들이 이곳으로 이주하도록 장려하였다. 1453년 점령 후 24년이 지난 1477년 인구조사 결과 총인구가 8-10만 명 규모이며 투르크계, 그리스계, 유대계, 아르메니아계, 제노아계 등 다양한 인구로 구성되어 있던 것으로 파악되었다. 이는 콘스탄티노플을 점령한 1451년보다 2배 정도 증가한 것으로 추정된다. 이후 1492년 스페인의 종교탄압으로 발생한 유대인 난민이 증가하면서 한때 유대인의 숫자가 급증하였다.

오스만 제국이 무너진 시점, 그리고 현재의 이스탄불 인구 증가 추이를 살펴보면 튀르키예 공화국이 인구 면에서 이슬람화가 확연히 진행된 점을 알 수 있다. 튀르키예 공화국 출범 이후 1924년 처음 실시된 이스탄불 인구조사에서 총인구는 1,165,866명으로 61%가 투르크계, 25%가 그리스계, 7%가 아르메니아계, 6%가 유대계로 나타나 당시만 해도 인구 구성이 다양했다. 그러나 2000년 초기에는 이스탄불 인구가 1,500만 명 정도로 급증하였지만 이 가운데 대부분이 투르크 계통이고, 아르메니아계가 50,000여 명, 유대계가 40,000여 명, 그리스계가 30,000여 명으로 쿠르드족을 제외한다면 소수민족의 분포가 1% 미만일 정도로 인구의 다양성이 줄어들고 이슬람화되었다.

메흐메트 2세는 이스탄불에 새로이 정착하는 비이슬람 주민들이 종교에 따라 '밀레트(Millet)'라는 자치 기구를 만드는 것을 허용하였는데, 그리스 밀레트는 동방정교 대주교, 아르메니아 밀레트는 그레고리안 대주교, 유대인 밀레트는 랍비 주도로 운영되었다. 밀레트 제도는 오스만 제국 멸망 시까지 운영되었으며 여러 종교를 허용하는 핵심적 기구였다. 메흐메트 2세가 종교에 관용적이었던 것은 아버지의 후비였던 모친(Huema Hatun)과 가장 사랑했던 후비(Guelbahar)가 투르크계가 아니라 그리스계로 점령지에서 잡혀 온 여인이었기 때문인 것으로 추정된다.

메흐메트 2세는 이복형제를 살해하고 형제 살해 법령을 공포하여 술탄직을 둘러싼 분쟁을 미연에 방지하고자 했다. 그러나 메흐메트 2세 사후 자신의 두 아들은 매우 격렬한 투쟁을 하였다. 베아지드 2세가 즉위하였음에도 동생인 젬(Jem)은 반란군을 이끌고 옛 수도 부르사까지 진격하였다가 세가 불리해지자 후퇴하여 망명하기까지 하였다. 그는 이집트 카이로, 로드(Rhodes)섬, 프랑스, 교황청을 거쳐 이태리에서 죽었다.

이와 같이 형제간에 투쟁이 벌어지자, 술탄 친위대인 예니체리의 지원이 중요해지면서 그들의 재정적, 신분적 향상 요구도 올라갔다. 메흐메트 2세를 승계한 베아지드 2세는 즉위하면서 반란군 진압에 동원하기 위하여 예니체리의 보수를 올려주겠다고 약속하고, 보수 인상 이외에도 승상 등 주요 보직에 예니체리를 등용하겠다고 확약하였다. 오스만 제국의 영토 확장에 커다란 역할을 하였던 예니체리는 제국 건국 후 불과 50여 년이 되어서부터 술탄도 제어하기 어려운 세력으로 성장하여 제국의 쇠퇴 요인이 되었다.

05

셀림 1세:
칼리프 등극

셀림 1세(1512-1520)는 잔혹한 술탄(the Grim Selim)이라고 불린다. 그는 베아지드 2세의 셋째 아들인데 예니체리의 도움을 받아 술탄직에 오르기 위해 모의하다가 아버지의 노여움을 사 아들(10대 술레이만 대제)이 총독으로 있는 크림반도로 도망가기도 했다. 그는 아버지로부터 술탄직을 이어받는 것을 단념하고 예니체리의 지원하에 이스탄불로 진격하여 아버지를 하야시켰다. 베아지드 2세는 자신이 태어난 곳으로 낙향하는 길에 죽었는데 셀림 1세의 명령으로 독살된 것으로 추정되고 있다. 술탄에 즉위하면서 그가 가장 먼저 한 것은 두 형을 교살하고 이어 5살 이상이 되는 5명의 조카를 죽였는데 바로 옆방에서 울음소리를 들었다고 전해진다. 이로써 그는 반란의 싹을 처음부터 잘라 버렸다.

다른 술탄이 북서쪽 발칸에 위치한 기독교 유럽 지역을 먼저 평정하기 위하여 전쟁에 나선 것과는 달리, 그는 시아파 이슬람이

득세하고 있는 페르시아의 샤 이스마일을 제압하기 위하여 동남쪽으로 나섰다. 페르시아군은 물러나면서 초토화 전략을 구사하였지만 더 이상 물러나기가 어려운 가운데 치렀던 전투(Chalderan)에서 셀림 1세 군대에 패배하여 중요한 지역(Tabriz)을 빼앗겼다.

셀림 1세는 페르시아 지역 전체를 정복하지 못하였으나, 중동 지역에서 세력을 펼치고 있던 맘루크 왕조를 정벌하여 시리아와 이집트를 장악하였다. 또한 공식적으로 칼리프 직위를 이어받아 이슬람 세계의 최고 통치자가 되었다. 셀림 1세는 성격이 과격하여 자신의 말에 복종하지 않거나 무리한 요구를 하는 신하를 바로 죽여 버리곤 했다. 심지어 재상들도 참수하곤 하여 '셀림의 재상이 되라'라고 하는 말이 '너 죽어라' 하는 속어로 쓰이곤 했다. 또한 셀림 1세가 부르면 신하들은 유언을 남겨두곤 했다고 전해진다.

셀림 1세가 술탄으로 재위한 기간은 불과 8년이지만, 이 기간 동안 오스만 제국의 영토를 두 배나 늘렸다. 메흐메트 2세나 선조들이 주로 유럽을 공략한 반면, 그는 아시아 지역의 이슬람 세력을 주로 공략하여 이집트와 인도양에 이르는 넓은 지역을 아들인 슐레이만 대제에게 넘겨주었다. 그가 이렇게 영토를 확장해 나갈 수 있었던 것은 성과에 대하여 확실한 보상을 해 주었기 때문이다. 그는 포악한 성정에도 불구하고 시와 문학을 좋아했으며 지식인을 후원하였고 전쟁터에 시인과 역사가들을 데리고 가서 사건을 기록하고 영웅적인 장면을 묘사하도록 했는데 이중적인 인격 소유자로 불릴 만하다.

이스탄불 풍경: 갈라타 다리에서 본 슐레이만 모스크

오스만 제국의 영광과 쇠락, 튀르키예 공화국의 자화상

06

슐레이만 대제:
제국의 찬란한 영광

 슐레이만 대제가 1520년 즉위하여 1566년까지 46년간 통치하던 시기는 유럽과 중동에서 가장 뛰어난 군주들이 활약하던 시기였다. 영국의 헨리 8세, 프랑스의 프랑수아 1세, 합스부르크 왕가의 카를 5세, 이란의 사파비 왕조를 세운 이스마일 1세, 러시아의 이반 4세 등의 각축이 벌어지는 시기였다. 이들 가운데 슐레이만 대제는 가장 뛰어난 제왕으로서 유럽 세력의 균형자 역할을 하고 중동·아프리카 지역을 정복하며 위상을 드높였다.

 슐레이만의 모친은 크리미아 칸의 딸로서 몽골의 대군주였던 칭기즈 칸의 큰아들 주치의 후손이다. 이전 여러 술탄이 정복지에서 데려온 노예의 아들이었던 데 반하여 슐레이만은 칭기즈 칸의 피를 이어받은 왕가의 딸이 낳았다는 점에서 드문 예이다. 아버지 셀림 1세가 갑자기 서거하여 즉위한 슐레이만은 관례에 따라 예니체리에게 즉위 축하금을 지불하고 또한 급료도 인상했다.

이처럼 예니체리의 세력은 슐레이만 대제도 무시 못 할 존재가 되어 있었다.

슐레이만 대제는 정복자 메흐메트 2세 이상의 야심을 가지고 있었는데 메흐메트 2세가 정복하는 데 실패한 유럽의 관문인 베오그라드와 지중해의 거점인 로도스섬을 우선 점령하였다. 그의 첫 원정은 헝가리로 향하는 길에 있는 베오그라드를 점령하는 것이었으며, 1521년 이를 성공적으로 마쳤다. 나아가 2차 출정으로 145일간의 험난한 전투를 통하여 남쪽 로도스섬도 정복하였다. 로도스섬은 이스탄불과 이집트·시리아를 연결하는 길목에 위치할 뿐만 아니라 지중해의 정복이라는 측면에서도 의미가 있었다. 그는 또다시 다뉴브강을 따라 원정하여 헝가리를 점령한 후 약 200여 년간 중부 유럽에서 제국의 근거지로 삼았다. 베오그라드와 헝가리를 거점 삼아 1529년에는 오스트리아 비엔나까지 진격하였으나 오랜 원정 기간 동안 물자 조달의 문제와 계속되는 비 등 혹독한 날씨 때문에 철수할 수밖에 없었다. 그의 첫 실패였기는 하지만 이를 계기로 오스만 제국의 위력은 유럽인들에게 깊숙이 각인되었다. 이후 그는 바그다드, 소아시아 동부, 북아프리카 제도, 홍해 등 순차적으로 중동 및 북아프리카 지역을 정복해 나갔다.

비엔나 점령에 실패한 이후 오스만 제국 내에서는 전쟁보다 외교를 통하여 유럽 문제에 관여하려는 움직임이 일어났다. 초기에는 베네치아가 파견한 사절만이 술탄 경내에 출입하였는데, 점차 프랑스도 합스부르크에 대응하기 위하여 오스만 제국과 연합하려는 의향으로 사절을 파견하는 등 외교 움직임이 활발해졌다. 이에 따라 프랑스에게 무역 특권이 부여되었으며 그동안 오스만 제국과의 무역을 베네치아가 독점하던 것이 희석되어 갔다. 이후 다른 유럽 국가 사절도 이스탄불을 방문하는 사례가 증가하면서 이들을 통하여 술탄의 하루 일과 등이 유럽에 전달되는 등 슐레이만 대제에 대한 관심이 높아졌다.

슐레이만은 입법자라고도 불리며 이전의 술탄과는 달리 이슬람 사상과 제도를 발전시키는 데 많은 역할을 하였다. 그는 새로운 법 규정을 만들기보다 기존의 법규에 그간의 시대적 변화를 반영하고 이러한 규정을 새로운 점령지역에도 확대하여 시행하였다. 당시 오스만 제국을 지탱하는 커다란 두 축 가운데 한 축은 국가 운영을 위한 지배 계층으로서 술탄을 정점으로 하여 어전회의체(디반), 정부 관리, 군대, 그리고 이 세 기관에서 복무할 젊은 인재들인데 대체로 술탄의 노예들이었다. 또 다른 축은 종교적 지배 계층으로 재판관, 울라마라고 불리는 성직 교육자, 학자들이다. 슐레이만 대제는 이슬람 법규인 샤리아 원칙을 변경하거나 무시하는 것이 아니라 정복을 통하여 새로이 편입되는 속민들에게 이슬람 법규를 잘 적용하고 또한 변화되는 사회현상을 법 규정을 통하여 시행해 나가기 위하여 재판관 등에게 이러한 임무를 부여했다.

슐레이만 시대는 문화적으로도 화려한 꽃을 피웠다. 메흐메트 2세부터 이슬람 문화와 비잔틴 문화를 융합하여 만든 모스크와 미나레트가 이스탄불을 새롭게 하였다. 이러한 동서양 문물의 혼합이 슐레이만 시대에 미마르 시난이라는 건축가로 인하여 더욱 번창하였다. 미마르 시난은 어려서 예니체리에 편성되어 여러 전장에서 다리, 수로, 성벽을 건설하는 데 동원되었다. 그는 여러 경험을 하고 문물을 접한 이후 군사적 엔지니어 기술을 종교적인 건물을 건설하는 데 적용하여 오스만 튀르키예의 특색을 갖춘 모스크를 건설하였다. 그는 기독교의 성 소피아 성당을 항상 염두에 두고 이에 필적하거나 능가할 만한 이슬람의 대표적인 건축물을 구상하였다고 전해진다. 슐레이만 모스크를 건축할 때 유럽을 대표하는 성당을 능가하고 싶었던 마음도 있었을 것으로 추론할 뿐이다.

이스탄불에서 그의 대표적인 모스크가 슐레이만 모스크로서 슐레이만 대제의 영묘와 이슬람 교회를 포함하고 있다. 이스탄불에서 가장 붐빈다는 갈라타 다리에서 바라보면 모스크 자체의 웅장함과 보스포러스 해협과 어울린 아름다움을 즐길 수 있다. 구형의 커다란 돔이 반구형의 두 개 돔을 거느리고 다시 조그만 반구형의 여러 돔을 쭉 거느리는 모습이 장관이다.

동서양을 아우르며 거슬러 내려온 도자기 문화는 튀르키예 곳곳에 스며 있으며, 오스만 제국의 전성기인 슐레이만 대제 시대에

꽃을 피웠다. 셀주크 시대 건축물을 장식하는 데 사용되었던 투르크 도자기는 중국 및 페르시아의 화려한 세라믹 타일과 어우러져 오스만 제국의 독특한 모습으로 재현되었다. 특히 진한 푸른색의 타일이 모스크에 장식되어 청색 도자기로 뒤덮인 인상마저 풍기는데 동양의 서체와는 다른 아랍 특유의 서예문과 함께 이슬람의 문화가 흠뻑 새겨져 있다.

슐레이만은 대외적인 영토 확장과 유럽 세력의 균형자로서 커다란 역할을 하였지만 비엔나를 함락시키지 못하고, 페르시아 사파비 왕조를 무너트리는 계획도 이루지 못했다. 페르시아의 세력이 강하기도 했지만 그보다는 술탄직 계승을 둘러싼 내분 때문이기도 했다. 슐레이만의 커다란 업적에도 불구하고 후비인 록셀란의 계략으로 그리스계의 이브라힘 대재상을 교살하고 후계자인 아들 무스타파와 손자인 무라드까지 죽였다. 아들 무스타파는 매우 영민하여 오스만 제국을 더욱 강하게 만들 지도자로 평가되었는데 그의 사후 즉위한 술탄들이 무능하여 이때부터 오스만 쇠망이 시작되었다고 보는 견해도 있다. 슐레이만 대제는 발칸 지역으로 원정을 떠나 그곳에서 서거하였다.

오스만 제국의 산실, 톱카프 궁전

　　　　오스만 제국의 영광과 쇠락, 튀르키예 공화국의 자화상

07

오스만 제국과 유럽:
세력 균형자에서 유럽의 병자로

튀르키예는 동서양의 인종 전시장이다. 인구 구성을 보기 위하여 시대적인 변화를 살펴볼 필요가 있다. 소아시아의 원주민으로 하티족에 이어 자리 잡은 히타이트계, 소아시아 동쪽의 우라티아계와 소아시아 서쪽의 프리기아·리디아계, 서해안의 이오니아 등 그리스계, 소아시아를 점령했던 페르시아계, 로마 및 비잔틴계, 셀주크 및 오스만 튀르키예계 등 동서양 다양한 민족의 복합체에 더하여 발칸·카프카스·아랍 지역에서 전쟁 시마다 넘어온 난민으로 현재의 튀르키예인들이 융합되어 있다.

복합적인 인구를 구성하고 있는 오스만 제국은 유럽과도 밀접한 접촉을 유지하여 왔다. 오스만 제국은 15세기에 유럽 국가 가운데 베네치아·제노아·피렌체 등 이태리와 기술 교류가 빈번하였고 상류층에서는 이태리식 스타일과 관습이 유럽식의 전형으로 널리 유행하였다. 중세 유럽은 교황청과 신성로마 제국이 상호 세력을 경쟁하고 더러는 단합하였으나, 15세기부터 그 구성원인 공국들이 나누어지기 시작하면서 상호 세력의 부침이 있었다. 어느 나라나 생존하기 위하여 협력 세력을 확보하는 것이 중요하였는데, 이에 따라 세력 균형이 시기마다 다른 형태로 형성되어 갔다. 이 과정에서 유럽 밖에서 강력한 세력을 가진 오스만 제국이 16세기에는 세력 균형의 역할을 하면서 유럽의 왕가와 경쟁하는 관계였다.

오스만 제국이 유럽에 영향을 미친 여러 사안 가운데 세력 균형자 역할은 주목할 만하다. 15세기 말 이후 오스만 제국은 이태리, 프랑스의 중요한 협력 세력으로서 유럽의 강대국이던 신성로마 제국 세력을 견제하는 데 기여하였다. 오스만 제국은 메흐메트 2세 이후 강력한 세력으로 부상하였으나 교황청과 신성로마 제국이 연합하여 대응할 경우 또는 해상에서의 전투력에서 부족한 면이 있어 유럽의 세력을 균형화하는 데 일정한 한계가 있었다. 그러나 영역을 가장 많이 넓힌 슐레이만 대제 시대에는 오스만 제국이 강력한 균형 역할을 하였다. 슐레이만은 유럽의 관문인 베오그라드를 1521년, 오스트리아로 가는 길에 있는 헝가리를 1526년에 점령하고 유럽에 위협적인 세력이 되었다. 뿐만 아니라 지중해의 로도스섬을 장악하고 타브리즈 등 페르시아 지역의 일부, 바그다드 등 중동 지역으로도 제국의 세력을 더욱 확장하였다.

이에 따라 오스만 제국은 당시 유럽의 절대 세력인 신성로마 제국을 견제할 수 있는 중심 세력이 되었다. 16세기의 프랑스는 신성로마 제국을 견제하기 위하여 오스만 제국과의 연대를 강력히 원하였으며 또한 오스만 제국으로부터 군사적, 재정적 지원을 받았다. 오스만 제국 역시 유럽 기독교 국가들의 연대를 막고 교황청과 신성로마 제국이 연대하여 십자군을 구성하여 공격해 오는 것을 막는 것이 중요한 외교 전략이었기에 프랑스와의 연대가 필요했다.

슐레이만의 강한 통치력 때문에 가톨릭교에 대항하던 개신교가 간접적으로 혜택을 받았다는 점 역시 주목할 만하다. 일부 역사가들은 마틴 루터가 종교개혁을 하고 개신교가 부흥할 수 있었던 이유를 강력한 오스만 제국에 있다고 본다. 당시 마틴 루터의 개신교가 발흥하는 시점에 오스만 제국은 합스부르크 왕가에 위협 요인이 되고 있었다. 가톨릭계에서는 개신교를 억제할 필요가 있었으나, 구교의 대표인 합스부르크 왕가는 오스만 제국의 위협 때문에 개신교와 타협하지 않을 수 없었다. 합스부르크와 교황청의 세력은 오스만 제국의 영향력 확대에 대응해야 하는 상황이어서 상대적으로 개신교를 억제하는 데 힘을 쏟을 수 없었다. 이로 인하여 16세기 말 이후 프랑스·영국·화란 등 국가가 힘을 얻게 되고, 교황청의 세력에 대항하는 개신교 세력이 성장할 수 있었다.

오스만 제국은 동유럽의 킵차크한국의 강력한 세력에 견제를 가하여 미약한 모스크바 공국의 부상에도 기여하였다. 모스크바 공국은 오스만 제국 덕택에 세력을 확장할 기회를 얻었으며 이후 점차 세력이 강해지면서 러시아 제국으로 변모하여 오스만 제국 쇠퇴의 주역이 되었다. 오스만 제국은 1683년에 비엔나를 공격하다 실패하였으며, 이후 동유럽을 장악하기 위한 전쟁에서 합스부르크에 패배하여 1699년 카를로비츠(Karlowitz) 조약으로 유럽에서 후퇴하였다. 오스만 제국이 물러난 지역에 합스부르크 세력 이외에 러시아도 진출하기 시작했다.

이후 러시아는 대외 팽창을 적극 추진하여 합스부르크 및 프러시아와 공동으로 폴란드를 3차에 걸쳐 분할(1772-1795)하고, 오스만 제국의 흑해 북단 영역을 점령하였다. 오스만 제국은 16-17세기에 유럽에서 압력을 행사하는 강대국이었으나 18세기에 러시아의 남진이 적극 이루어지면서 당시 유럽의 강자로 부상한 영국 등에 지원을 요청할 정도로 세력이 약화되었다. 19세기 들어 오스만 제국은 계속 쇠퇴하였는데 1832년 이집트의 알리가 독립운동을 일으키면서 소아시아로 진격한 데 대하여 이를 제압하지 못하고 러시아에 도움을 요청하여 한때 러시아에 의존하게 될 정도였다. 러시아가 남진하면서 부상하게 되자, 이를 견제하기 위하여 영국 및 프랑스는 오스만 제국과 협력하기도 했다. 점차 오스만 제국은 유럽의 균형자가 아니라 유럽의 병자가 되었으며, 유럽 국가들은 허약한 국가로 전락한 오스만 제국을 어떻게 활용할까 하는 논쟁을 하면서 이를 동방문제(Eastern Problem)라고 부르게 되었다.

오스만 제국의 영광과 쇠락, 튀르키예 공화국의 자화상

19세기 들어 오스만 제국의 세력이 점차 쇠락하는 가운데 러시아는 발칸·카프카스 지역으로도 진출하고 영국은 사이프러스·이집트·걸프만·홍해 지역으로 세력을 확장해 나갔다. 이러한 러시아·영국의 진출에 대응하기 위하여 오스만 제국은 새로이 부상한 독일 제국과 공동전선을 구축하고 마침내 1차 대전에서는 독일·오스트리아 동맹국의 일원으로 참전하였다. 그러나 전쟁에서 패배하여 패전국으로서 1920년 세브르 조약에 따라 오스만 제국의 영토가 연합국에 의하여 여러 갈래로 할양될 위기에 직면하였다. 이를 틈타 오랫동안 오스만 제국의 통치를 받았던 그리스는 독립한 후 이즈미르 지역 등 소아시아 서해안 지역을 점령하여 비잔틴 제국의 영광을 재현하려고 시도하였지만 무스타파 케말 장군의 강한 저항으로 이루지 못하였다. 오스만 제국은 와해되었지만 케말 장군은 1919년부터 1922년까지 영국·프랑스·이태리·그리스 등과의 전쟁을 승리로 이끌면서 튀르키예의 독립을 지켜냈다. 그는 이들 국가가 제시했던 세브르 조약상의 영토 할양을 반대하고, 소아시아의 영토를 보존하는 로잔 조약을 통하여 현재의 튀르키예를 이루었다.

오스만 제국에 의존했던 프랑스 등 유럽의 여러 나라가 강력한 국가로 발전한 반면, 한때 유럽을 호령했던 오스만 제국이 점차 힘없이 무너져 간 것은 어떤 이유인가? 통치 시스템을 분석해 보면 오스만 제국은 술탄에 권력이 집중되어 있고 술탄이 파견한 관리가 통치하는 시스템인 반면, 유럽의 경우 봉건세습제로 영주의 권한이 강한 시스템이다. 프랑스와 같은 국가에는 강력한 외부 세력이 침입하여 영주를 장악하면 소속한 농노도 영주를 따라 같이 장악할 수 있어 쉽게 정복할 수는 있지만 영주가 반란을 일으킬 경우 소속한 농노도 이에 따르기에 정복한 이후 지켜나가기가 쉽지 않다. 그러나 오스만 제국의 경우 술탄의 권력이 강하면 문제가 없으나 약화되면 소속된 백성들이 추종할 다른 군주가 없어 와해되기도 쉬운 정치 시스템과 연관되어 있었다.

오스만 제국의 경제 시스템 역시 제국의 쇠퇴를 가속화시킨 원인이 되었다. 당시 모든 경작지를 정부가 소유하고 있었고 규정 적용도 엄격하여 농부 또는 장인들에게 융통성이 주어지지 않아 소득 창출에 제약이 있었다. 이에 따라 성장이 정체된 가운데 16세기 시점에 인구가 급속히 늘어나면서 경제적인 부담이 더욱 가속화되고 이에 따라 일자리를 가지지 못한 부랑층이 증가하여 중앙으로부터 멀리 떨어진 지역에서 반란이 속출하기 시작했다.

오스만 제국은 역설적으로 유럽 국가들의 성장에 기여한 면이 있다. 술탄이 지배하는 지역의 모든 백성은 통치자의 권력 유지를 위하여 기여해야 하고, 각 계층은 다른 계층으로의 이동 없이 자신의 소명을 다해야 하며 전통적인 관습과 규율에 따라 활동해야 하기에 제약이 많았다. 이러한 가운데 오스만 제국이 중동 지역을 장악하여 지중해 연안에서 인도양을 거쳐 인도, 동남아시아 간의 무역이 가능하게 되었다. 무역의 좋은 조건에도 불구하고 오스만 제국은 무역을 세력 균형의 하부 개념으로 인식하여 무역의 권리를 베네치아에 대항하는 제노아, 피렌체 등에 혜택을 부여하였다. 또한 합스부르크에 대응하기 위한 방편으로 프랑스·영국·화란 등이 중동(레반트) 무역을 관장하게 하여 이들 국가의 성장에 기여하였다. 반면 오스만 제국의 백성들은 중동 지역의 점령으로 인한 혜택을 누리지 못했다. 이러한 시스템으로 인하여 오스만 제국은 다른 지역을 장악하면 장악할수록 점차 무역 경쟁력을 상실하고 무역 상대국인 유럽 국가들이 성장하게 되었던 것은 아이러니할 뿐이다.

오스만 제국의 무역 정책은 국내 물자 조달에 어려움이 없도록 하는 데 초점이 맞추어져, 수입은 권장하였지만 수출은 높은 관세를 부과하여 제약을 가하였다. 오스만 제국 내부적으로는 길드 시스템에 따라 기술 발전에도 제한이 있었던 반면, 서구 국가들은 중상주의 발전이 가능하도록 하여 궁극적으로 자본주의 발전의 기틀을 구축하게 되었다.

오스만 제국의 군사 기술력과 관련하여 군사 무기 제작을 외부에 많이 의존하였던 점도 있다. 1453년 콘스탄티노플 공격 시 사용했던 대규모 대포는 헝가리인 우르반이 제작하였고 여러 화총 기술 역시 유럽으로부터 도입하여 이란, 인도 지역으로 전수하기도 하였다. 그러나 자체적으로 발전시키지 못하고 유럽에 의존하여 점차 영향력을 잃어 갔다. 유럽에서는 총기류, 연금술, 화약 등 기술이 16세기 후반부터 발전한 반면 오스만 제국에서는 전통적인 군사력에 의존하는 가운데 인구가 급증하여 경제적 부담이 가중되어 갔다. 이와 같이 통치 시스템, 경제구조, 군사 기술 등 여러 면에서 오스만 제국은 경쟁력을 잃어 갔으며 이 결과 유럽의 병자로 변모해 갔다.

보스포루스 해협과 오스만 제국의 구시가지

08 러시아의 남진과
오스만 제국의 쇠락

칭기즈 칸의 손자인 바투는 1240년경 동유럽 전역을 점령하여 킵차크한국(Golden Horde)이라는 나라를 통치했다. 그러나 이 지역이 점차 크림·카잔·사라이로 분리되었다. 사라이 지역에서는 러시아의 모태가 되었던 모스크바 공국이 주변과 연합하면서 점차 세력을 펼쳐 나갔다. 크림-모스크바 칸국 연합이 리투아니아-킵차크 연합과의 경쟁에서 우세해지는 가운데, 오스만 제국은 크림 칸국을 속국으로 하였다. 이에 따라 독자성을 가지게 된 모스크바 칸국은 점차 강해졌다. 흑해 북부에서 오스만 제국은 이웃하게 된 모스크바 공국을 그다지 의식하지 않았던 반면, 모스크바 공국은 이란의 사파비 왕조와 협력선을 구축하여 오스만 제국을 견제해 나갔다.

한편 메흐메트 4세는 1529년 슐레이만 대제가 정복에 실패한 합스부르크 왕가의 본거지인 비엔나를 1683년 점령하고자 진격하였으나 또다시 실패하였다. 1529년 비엔나 공격 때는 군사력에 문제가 있었던 것은 아니었던 반면, 1683년 공격은 군 전력이나 기강도 부족한 가운데 대재상의 무리한 기획으로 시행되어 전투에서 지고 서둘러 퇴각하여 오스만 제국의 쇠락에 결정적인 영향을 미쳤다.

오스만 제국 군대는 1683년 이후 신성 동맹군과의 장기간 전쟁에서 패배하여 지금의 세르비아 지역 카를로비치에서 전쟁을 종료하는 조약을 1699년 체결하였다. 이 조약은 오스만 제국의 분수령이 되었다. 이후 오스만 제국의 위상이 점차 하락하고 유럽 국가의 세력이 부상하게 되어 서구 국가들은 오스만 제국을 더 이상 위협적인 존재로 인식하지 않게 되었다. 이 조약으로 오스만 제국은 슐레이만 대제 이후 150여 년간 장악해 오던 헝가리 등 중부 유럽을 빼앗겨 유럽과의 관계에서 주도권을 상실하게 되었다. 오스만 제국은 그동안 유럽과의 외교를 상호 동등한 위치에서 이행한다는 개념이 아니고 시혜를 베푸는 일방적인 조치라고 인식하였다. 스스로 대국으로 인식하여 외국의 사절을 접수하면서 대외적인 협력에 커다란 의미를 부여하기보다는 상대국에 베푼다는 인식을 가졌던 것이다. 그러나 카를로비치 조약을 계기로 오스만 제국은 그 세력이 약화되고, 외교 역시 수세적이 되면서 유럽의 기준에 따라 나라 간의 관계를 규정하는 것을 수용할 수밖에 없었다.

17세기 이후 오스만 제국의 세력이 약화되어 가는 것에 비례하여 모스크바 공국을 계승한 러시아는 세력이 더욱 강화되고 흑해·발칸·카프카스 지역으로 점차 남진하였다. 러시아는 또한 카를로비츠 조약 체결 즈음해서 동유럽으로 조금씩 세력을 확장해 나갔다. 개혁군주 표트르 대제가 지휘하는 러시아는 신성 동맹국가의 일환으로 오스만 제국과의 전쟁에 가담하여 여러 차례 공방을 거쳐 1696년 흑해와 연해 있는 아조프 지역을 차지하였다. 표트르 대제가 군주임에도 목수 신분으로 네덜란드에 가서 선박 제조 기술을 배운 사실이 널리 회자되는데, 그 배경에는 아조프 지역에서 오스만 제국과 장기간 전쟁을 치르면서 함대의 보급 및 지원, 해군 및 강력한 군대의 필요성을 느꼈기 때문이다.

에카테리나 여제 역시 군사력을 앞세워 크림반도, 중부 유럽, 카프카스(조지아)에의 진출을 도모하였다. 오스만 제국은 강하게 저항하였지만 군사력의 한계로 러시아에 휴전을 요청하여 1774년 큐첵 카이나르지(Kuechuek Kainarji) 조약을 체결하였다. 이 조약에서는 크림반도 관할권이 오스만 제국에 있다고 직접적으로 규정하지 않고 다만 타타르 민족의 독립성을 인정하여 간접적으로 오스만 제국의 크림반도 관할권을 부정하였다. 러시아가 타타르의 크림반도 자주권을 요구하여 성사시켰다는 점은 청일 전쟁 당시 일본이 청나라에 조선의 독립을 요구하였다는 점과 유사하며, 이것이 점령을 위한 사전 포석이라는 것을 두 역사적 사례가 이야기해 주고 있다.

에카테리나 여제는 표트르 대제가 성사시키지 못한 흑해의 러시아 함대 통항을 이루었으며, 이 결과 흑해가 더 이상 오스만 제국의 내해가 되지 못하였다. 큐첵 카이나르지 조약이 계기가 되어 오스만 제국 내부에서 정부에 대한 반발이 일어남으로써 오스만 제국의 해체에 도화선이 되었다. 특히 주목할 만한 것은 러시아가 이때부터 오스만 제국에게 흑해에서의 항해 자유와 함께 보스포루스 해협을 지나 지중해까지 함대의 통항권을 지속적으로 요구하였다는 점이다. 이러한 요구는 20세기까지 지속되었고 지금도 러시아의 입장이기도 하다.

에카테리나 여제는 자치권을 확보한 크림반도를 궁극적으로 장악하고자 하였다. 크림반도의 타타르 군주 선임과정에 러시아가 개입하여 1783년 크림반도를 합병하였다. 이에 대하여 유럽 세력은 러시아가 타타르 내부의 분열과 러시아-오스만 제국 간 분쟁 가능성을 종식시켰다고 오히려 지지하였다. 프랑스의 사상가 볼테르는 러시아와 오스만 제국의 경쟁을 이성과 광신의 대결, 문명과 후진성의 대결이라고 주장하면서 러시아의 입장을 지지하였으며, 프랑스 내에서도 에카테리나 여제를 계몽군주로 추켜세웠다. 오스만 제국은 러시아의 크림반도 장악을 저지하기 위하여 1787년 전쟁을 일으켰으나 군사력의 열세로 패배하였다. 이에 따라 러시아 함대는 점차 흑해를 장악하면서 이스탄불로의 항해가 더욱 자유로워졌다.

러시아는 발칸반도 및 흑해로 영향력 확대를 도모하면서 오스만 제국과의 퀴첵 카이나르지 조약상 오스만 제국 영토에 거주하고 있는 정교도를 러시아가 보호할 권리가 있음을 주장했다. 그러나 오스만 제국이 이러한 요구에 불응하고 러시아의 호전적인 움직임을 견제하려는 영국 및 프랑스의 이해와 일치하여 삼국은 1853년 러시아에 개전을 선포하였다. 오스만 제국은 1853년부터 1856년까지 이어진 러시아와의 크림전쟁에서 승리했는데, 이는 자체적인 군사적 우위 때문이 아니라 영국과 프랑스의 지원이 있었기에 가능했던 명목적인 승리였다. 러시아는 연합 전력의 공격을 받아 발칸반도와 흑해에서 패배하면서 1856년 굴욕적인 파리 협약을 체결하였다.

이 결과 러시아는 수십 년에 걸쳐 진출한 발칸반도에서 물러나고, 흑해는 중립화되어 러시아 함대가 더 이상 흑해 지역에 정박하지 못하게 되었다. 오스만 제국은 다르다넬스 및 보스포루스 해협에 군함 통과를 금지하고 동부 소아시아 지역의 카르스(Kars) 등도 회복하여 러시아 세력이 크게 물러나는 형국이었다. 이 와중에 러시아의 니콜라이 1세가 사망하고 알렉산더 2세가 즉위하였다.

오스만 제국의 낙후된 군사력은 1877년 러시아와의 전쟁에서 고스란히 드러났다. 19세기 중반 이후 오스만 제국에서는 국내적으로 술탄의 권위가 상실되어 가고 대재상에 의하여 국정이 운영되었다. 대재상 주도로 술탄을 폐위하고 새로운 술탄을 임명하며, 서양의 영향을 받아 모든 백성들의 평등을 강조하는 헌법을 채택하는 등 나라 전체가 개혁 내지 혼돈의 분위기였다. 이 같은 혼란의 와중에 러시아의 부추김으로 1876년 세르비아와 몬테네그로의 독립운동이 일어났다. 당시 영국은 크림전쟁 때와는 달리 러시아와 오스만 제국의 분쟁에 개입하지 않으려는 분위기였다.

이러한 분위기에 편승하여 러시아는 오스트리아와 발칸반도를 양분하기로 합의한 후 1877년 오스만 제국에 전쟁을 선포하였다. 러시아는 루마니아의 독립을 부추기면서 발칸반도와 소아시아의 동부인 북카프카스 지역에서 전쟁을 일으켰다. 이 전쟁에 오스만 제국은 유럽 열강의 도움 없이 단독으로 러시아에 대항하였으나 전력 열세로 패전하여 1878년 산스테파노 조약을 체결하였다. 이 조약으로 러시아가 발칸반도 및 보스포루스·다르다넬스 해협을 거처 남진할 수 있게 되었다. 이러한 조약 결과에 유럽 열강들이 적극 반대하면서 비스마르크가 주재하는 베를린 회의를 통해 발칸 지역에서 러시아의 영향권은 일부 축소되었다. 그러나 루마니아·세르비아·몬테네그로가 독립하고 불가리아는 자치국가가 되어 오스만 제국의 영향력은 발칸반도에서 급격히 상실되었다.

이후 오스만 제국은 1차 대전에서 패전국이 되어 오스만 제국을 계승한 튀르키에 공화국의 영토는 소아시아로 국한되었다, 케말 장군의 독립전쟁으로 튀르키예의 면목은 세웠지만 오스만 제국은 600년의 영화를 뒤로한 채 역사에서 사라지게 되었다. 이후 2차 세계 대전에는 중립적인 입장을 견지하였지만, 전쟁의 결과 소련의 세력이 확장되면서 흑해·카프카스·발칸반도를 통하여 소련 세력에 둘러싸이는 형국이 되었다. 오스만 제국 이후 냉전 종식 때까지 러시아의 남진과 위협은 튀르키예 국민들에게 트라우마로 남아 있다. 여론조사에서 가장 경계하거나 가장 비우호적인 국가로 러시아를 지목하고 있는 점에서 러시아에 대한 튀르키예 국민들의 시각이 나타난다.

오스만 제국의 영광과 쇠락, 튀르키예 공화국의 자화상

09　이집트의 독립과
메흐메드 알리

　오스만 제국이 쇠락하면서 속령이었던 이집트에서는 독립의 움직임이 가시화되었는데 그 과정을 살펴보고자 한다. 화려했던 고대 이집트는 기원전 332년 알렉산더 대왕의 지배를 받으면서 정체성을 상실한 이후 그리스, 로마, 아랍(우마이야, 아바스), 맘루크, 오스만 제국, 영국의 지배를 받았다. 1952년 독립하였으니 무려 2,300여 년이 지나서야 이집트가 강국의 쇠사슬에서 벗어났다. 이 기간 가운데 13-16세기 맘루크의 통치와 19세기부터 20세기 중반까지 메흐메드 알리 왕조의 지배를 외부 세력의 지배로 볼지는 의문이다.

　오스만 제국이 이집트를 장악한 것은 셀림 1세가 1517년 맘루크와의 전쟁에서 승리한 이후이다. 이집트는 농산물을 풍요롭게 생산하는 곡창지대일 뿐만 아니라 동서양의 무역 교차로였다. 이러한 이유로 오스만 제국에게는 속주인 이집트가 매년 막대한 조공을 바치는 중요한 지역이었다. 이 지역을 나폴레옹이 1798년에 무력 점령하여 3년간 지배하였는데, 오스만 제국은 영국의 협조를 얻어 수복하기 위하여 군대를 파견하였다. 이 군대의 일원으로 파견된 인물이 메흐메드 알리이다. 그는 이집트가 오스만 제국의 영향에서 벗어나 독자적인 근대화를 추구하는 기반을 쌓았던 인물이다.

그는 오스만 제국의 속령이었던 그리스 북부 카발라(Kavala)에서 태어났지만, 이집트 원정을 계기로 이집트에 정착하였다. 그는 당시 특권층이었던 맘루크 계층과 종교적 세력이었던 울라마(이슬람 학자) 계층을 무력화하여 권력을 장악하였다. 이후 열강이었던 영국과 프랑스의 협조를 확보해 나가면서, 약화되어 가던 오스만 제국의 중동 지역 속령을 장악하고 오스만 본거지인 소아시아로 진격해 나갔다.

이집트의 역사를 살펴보면 우마이야 왕조와 아바스 왕조 등 아랍 세력 아래에 있다가 1250년 이후 맘루크의 지배하에 들어갔다. 맘루크는 아랍어로 '소유된 자', '노예'라는 의미로 특권 계층의 엘리트 노예 병사였다. 유라시아의 스텝 지대와 카프카스의 기독교 지역에서 잡혀 온 사내아이들을 이슬람으로 개종시키고 군사 훈련을 시켜 뛰어난 전사로 육성하였다. 이들은 9세기 무렵부터 아바스 왕조가 활용한 노예 근위병 제도에 따라 충원되었으며, 성인이 되면서 군대의 중심 세력이 되어 지배 계층으로 편입되었다.

이들 맘루크 군은 십자군에 대항했던 쿠르드 출신 살라딘 술탄의 용병으로 편입되어 1249년 십자군, 1260년에는 몽골 세력도 격퇴할 정도로 막강한 세력으로 부상하였다. 이들은 살라딘의 아이유브 왕조에서 커다란 권력을 행사하였으며 1249년 아이유브의 마지막 술탄이 죽자 그 술탄의 아내가 새로이 추대된 맘루크 술탄과 재혼하면서 16세기 초 오스만 제국의 침략을 받을 때까지 이집트와 시리아의 실질적인 지배 세력이 되었다. 그러나 맘루크 왕조는 오스만 제국의 냉혈한 술탄이라고 불렸던 셀림 1세와의 1516-1517년 전투에서 패배한 이후 오스만 제국의 속령으로 편입되었다.

이집트가 오스만 제국에게 중요한 지역이기는 하지만 수도인 이스탄불에서 멀리 떨어져 있어 토착 세력인 맘루크의 영향력이 여전히 존재하고 있었다. 알리가 1801년 이집트에 아무런 연고가 없이 왔을 당시 이집트는 프랑스군과 맘루크 세력과의 쟁투로 황폐화되어 있었다. 오스만 제국이 파견한 군대는 영국의 도움을 얻어 프랑스군을 물리쳤지만 맘루크와의 세력 투쟁이 계속되어 불안했다. 알리는 이러한 상황을 진정시키고 불과 4년 만인 1805년에 오스만 제국의 이집트 총독이 되었다. 그는 총독으로서 정적이 될 그룹을 차근차근 제거해 나갔는데 울라마(이슬람 지도자) 그룹을 무력화시키고 450여 명의 맘루크 지도자들을 모조리 학살하였다. 그는 세력을 공고히 한 이후 세금 징수 및 농산물의 독점적 판매 제도 구축 등 체계적인 경제 정책과 생산 기반에 대한 통제를 실시하여 통치권을 확립해 나갔다.

　19세기 초반 알리 총독이 이집트에서 세력 기반을 점차 확충해 나가고 있던 시점에 오스만 제국은 경쟁력이 약화되어 가고 열강의 침투가 본격화되면서 속령에 대한 통치 기반도 무너지고 있었다. 이러한 기회를 활용하여 알리는 시리아에 대한 군사작전을 개시하여 7개월 만에 시리아를 장악하였다. 여세를 몰아 알리 군대는 소아시아로 진격하여 중부도시 콘야를 함락시켰다. 열세에 처한 오스만 제국은 평화협정을 통하여 알리에게 이집트, 크레타, 시리아 등의 지역을 공식적으로 통치할 수 있도록 허락하였다. 알리는 또한 1838년 세습통치를 선언하였으며, 오스만 제국의 압둘메지드(Abduelmecid) 술탄은 그의 이집트 총독 세습 권한을 인정할 수밖에 없었다. 이후 이집트에서는 알리 가문이 지속적으로 통치하였다. 1952년 나세르 대령에 의한 군사 쿠데타로 알리 왕조가 무너지고 군정으로 이전하게 되면서 현재에도 군부의 세력이 장악하고 있다.

10

페르시아
역사의 굴곡

　오스만 제국과 국경을 나란히 하면서 지금까지 세력을 겨루고 있는 이란에 대하여 살펴보자. 키루스·다리우스·크세르크세스 등 페르시아의 전성기를 뒤로하고 아케메네스 왕조는 기원전 336년부터 332년까지 알렉산더 대왕에 의해 점령당했으며, 이후 그리스계 셀레우쿠스 왕조의 지배를 받았다. 그러나 그리스계 세력이 약화되면서 파르티아(기원전 3세기-기원후 3세기) 및 사산조 페르시아(3-7세기)의 이란계 제국이 등장하였다.

　이후 아랍계가 세력을 확장하면서 아랍 제국인 우마이야 왕조(651-750) 및 아바스 왕조(750-1256)의 영향에 들어갔다. 아랍의 지배뿐만 아니라 동시에 투르크계인 셀주크조(1038-1194)의 지배도 받았다. 연이어 몽골의 일한조(1256-1353)와 티무르조(1370-1506)의 지배를 받았으며 1501년 사파비 왕조의 출현으로 페르시아 민족이 독립을 이루게 되었다. 그리스에 의한 지배를 제외하더라도 아랍 이후 외세의 지배하에 있었던 것이 850여 년 정도 된다.

사파비 왕조 출범 이후 오스만 제국과는 끊임없이 경쟁해 왔고 지금도 마찬가지이다. 사산조 페르시아 이후 사파비 왕조가 출현할 때까지 페르시아는 이슬람의 영향권이었지만 초기에는 수니파가 다수였다. 그러나 사파비 왕조 초대 샤인 이스마일 1세(1501-1524)는 시아파를 채택하고 백성들을 강제적으로 시아파로 개종시키면서 그 종파가 현재까지 이어져 오고 있다.

이스마일 샤는 시아파의 확대와 영토의 확장을 적극적으로 추구했다. 그는 권력을 잡은 이후 이란 지역 내의 여러 통치 세력을 제압하고 티무르 제국의 영향력에 있던 지역도 장악하여 오늘의 이란 지역을 확보하였다. 아울러 서쪽 지역으로 영토 확장을 해나가는 과정에서 오스만 제국과의 전쟁은 불가피했다. 당시 오스만 제국에서도 냉혈한이라고 불리는 셀림 1세가 즉위하여 두 세력은 마침내 1514년 찰드란(Chaldiran)에서 충돌하였다. 이 전투에서 오스만 제국의 포병이 우세하여 사파비 왕조 군대를 제압하고 그 여세를 몰아 사파비조의 수도인 타브리즈를 장악하였다. 당시 오스만 제국 내 소요로 오스만 군대가 더 이상 진격하지 못하고 회군한 것은 사파비 왕조의 행운이었다. 이 전투 이후 이스마일은 더 이상 오스만 제국에 대하여 팽창정책을 추진하지 못하게 되고 오스만 제국 역시 페르시아 영역에 대한 공격을 멈추었다. 1639년 이후 지금까지 오스만 제국과 튀르키에 공화국, 페르시아와 이란의 국경은 그대로 이어져 오고 있다.

이스탄불 풍경: 아가사 크리스티가 탐정소설을 썼던 페라 팰리스 호텔

11 흔들리는 제국: 점진적인 개혁과 실패

제국의 위용을 자랑하던 오스만 제국이 서구의 방식을 도입하여 개혁을 시작한 것은 17세기 말부터였다. 초기에는 슐레이만 대제의 영광을 회복하려는 노력의 일환으로 이루어졌다. 합스부르크와의 전쟁에서 패배한 이후 카를로비츠 조약이 체결되고 헝가리 등의 지역에서 물러나면서 서구 문명에 뒤지고 있다는 자각을 가지게 되었다. 17세기 말에는 군사 기술의 도입으로 개혁이 가능하리라 생각하여 무기 및 군사 기술 등 기술적인 면을 주로 수용하였다. 유럽으로부터의 문물 도입은 군사 기술 측면에만 국한되고 다른 선진 기술 도입에는 소극적이었다. 한 예로 18세기 초 인쇄 기술을 도입하였으나 보수층의 반대로 수용하지 못하다가 18세기 말에 개혁운동이 다시 일어나고 나서야 재개될 정도였다. 그러나 사회 전체적으로 낙후되어 전반적인 개혁 없이는 발전이 어렵다는 인식이 확산되면서 19세기에는 서구 문물 도입을 본격적으로 추진하였다. 국가 경영, 법률, 문화 등 전반적인 분야에서 유럽으로부터 문물을 받아들였지만 근본적인 개혁이 일어나지는 못하였다.

개혁 조치는 1922년 멸망할 때까지 계속 이루어졌지만 성과를 거두지 못하고 실패하였는데, 그 이유는 개혁 세력과 보수 세력 간의 지속적인 분쟁 때문이었다. 오스만 제국 운영의 틀은 절대 권력자인 술탄, 군대 중추 세력인 예니체리 계층, 이슬람 성직자인 울라마 계층, 지방의 토호 세력으로 구성되어 있다. 제국의 기본 철학은 절대적인 술탄이 내린 칙령에 따라 사회 질서를 운영해 나가는 것이다. 유럽 국가들이 지방 영주에게 권한을 부여한 것과는 달리 술탄은 지방 토호 권력을 인정하지 않고, 지방의 통치를 위해 중앙정부에서 총독이나 관리를 파견하였다. 또한 법과 재정의 집행 등 일부 권한은 이슬람 법학자인 울라마 계층이 담당하는 이원 체제였다. 오스만 제국 군대의 중추 세력이었던 예니체리, 이슬람 종교 지도자인 울라마 계층 등 기존 세력은 자신들의 이익을 더욱 챙기고, 중앙정부에서 파견된 관리보다는 지방의 토호 세력이 점차 부상하게 되자 지방의 통솔이 힘겨워지면서 효율적인 통치가 이루어지지 못하였다.

특히 예니체리의 문제는 심각하였다. 오스만 제국 초기에 정복한 지역에서 신체가 좋고 영민한 어린 청소년을 선발하여 엄격한 이슬람 교육을 시켜 정예부대를 만든 것이 예니체리였다. 이 조직은 짧은 기간에 오스만 제국이 콘스탄티노플을 함락시키고 여러 전쟁에서 광범위한 지역을 확보하는 데 결정적인 역할을 하였으며, 술탄의 중앙집권에도 핵심적인 역할을 하였다. 그러나 점차 이 익단체로 변질되면서 제국에 커다란 부담이 되어 갔다. 새로운 술탄이 즉위할 때마다 예니체리의 동의를 얻어야 했으며, 봉급도 올려주어야 했다. 17세기에는 예니체리 출신이 제2인자인 재상으로 올라 국가 경영의 실질적인 책임자가 되기도 했으며, 예니체리가 군대뿐만 아니라 해외 무역 사업까지 관장하는 등 사익도 추구하며 가장 강력한 세력이 되었다.

오스만 제국 개혁의 아버지라 불리는 셀림 3세(1789-1807)는 예니체리 세력을 견제하는 한편 서구화 개혁을 하고자 자신이 직할하는 신식 군대를 창설하고 제국의 군사력을 증강하여 점차 남하하는 러시아에 대응할 계획을 세우기도 했다. 그러나 개혁의 강력한 반동 세력이었던 예니체리는 이슬람 종교법학자 계층인 울라마, 지방 토호 세력(아얀)과 함께 개혁을 저지하고, 셀림 3세를 폐위시킨 후 살해하였다. 이 결과 예니체리에 의한 국정 농단과 지방 토호 세력의 발호로 오스만의 위상은 더욱 쇠퇴해 갔다. 술탄의 위상은 마흐무트 2세 재위 기간(1808-1839) 중 한때 회복되었다. 그는 우선 지방 토호 세력을 제압하는 한편 1826년에는 예니체리 세력을 완전히 소탕하였다. 그러나 그가 국내 문제에 총력을 기울이면서 많은 국력을 쏟아붓는 동안 그리스의 독립운동이 일어났으며,

지방 토호 세력에서 성장한 이집트의 무하마드 알리 총독이 봉기하여 오스만 제국 전체를 위협할 정도에 이르렀다.

더 이상 소규모의 개혁으로는 새로운 상황에 대응하기가 어렵다고 판단한 압둘메시트 1세(1839-1861) 술탄은 1839년 대규모 개혁 조치인 탄지마트 정책을 담은 귈하네 칙령을 발표하였다. 이 칙령은 예전과는 다른 대담한 개혁 조치를 포함하고 있었다. 그동안 이슬람 법규인 샤리아의 적용이 일상적이었는데 이 칙령 조치를 통하여 술탄이 반포하는 세속적인 법규도 유효하게 되었다. 또한 종교와 민족에 관계없이 제국 내에 거주하는 모든 사람들은 동등한 시민권한을 향유하도록 하였다. 이는 당시 그리스 등 비이슬람 사회에서 반란이 발생하는 점을 염두에 둔 것이었다. 요약하자면 술탄이 선언한 세속적인 법령으로 법 앞의 평등과 모든 국민의 생명·재산 등을 보장하는 것이 탄지마트 개혁의 핵심이었다. 이러한 개혁 조치에도 불구하고 사회적 갈등은 여전히 존재하였다. 울라마와 지방 토호 세력의 영향을 받는 이슬람 집단과, 새로운 유럽의 변화 분위기와 민족주의에 편승한 발칸 지역의 기독교 계층 간의 갈등이 상존하였다. 술탄은 지방 토호 세력에도 동등한 세금을 부과하는 등 세제 개혁을 실시하여 갈등을 완화하려고 하였지만, 이는 또한 지방 토호 세력의 반발도 초래하였다.

술탄이 추진하던 탄지마트 개혁 과정에는 계속 진통이 있었으며, 사회가 안정되지 못하자 젊은 장교들과 지식인 주도로 쿠데타가 일어나 1876년 압둘아지즈 1세(1861-1876) 술탄을 폐위시키는 사건이 발생하였다. 수백 년간 이어 온, 술탄을 정점으로 하는 통치체제가 무너지고 새로운 입헌군주제가 도입되었지만 최초로 구성된 의회는 잘 작동하지 못하고 헌법도 유명무실하게 되어 젊은 군인들이 주도한 개혁 조치 역시 성공을 거두지 못하였다. 이슬람 전통 세력은 과도한 서구 중심 개혁의 결과로 정부가 효율적으로 움직이지 못하여 1877년 러시아와의 전쟁에서 패배하였다고 비판하였으며, 새로이 취임한 압둘하미드 2세(1876-1909) 술탄은 이를 빌미로 입헌군주제 개혁을 무효화하였다. 이러한 가운데 서구 세력에 의한 경제적 침탈은 지속되어 사회는 더욱 혼란스러워졌다.

개혁의 혼란 와중에 몽테스키외·루소 등의 사상과 서구식 교육을 받은 젊은 투르크 지식인들이 오스만 연합을 구성하여 그 세력을 확장하였다. 이들은 연합진보위원회(CUP)라는 단체를 조직하여 개혁을 추진하면서, 젊은 군인들이 일으킨 쿠데타를 지지하여 입헌군주제를 부활시켰다. 이들은 1909년 첫 의회를 개최하는 등 개혁을 주도해 나갔는데, 이들이 추구하는 근대화 개념은 오스만 제국의 문화에 뿌리를 둔 가운데 점진적인 개혁을 추진하는 것이었다. 그러나 이러한 입헌 개혁 역시 성과를 거두지 못하고 1차 대전에 참전하게 되어 오스만 제국의 운명은 점점 더 나락으로 빠져들어 갔다. 당시 갈리폴리 전투를 승리로 이끌면서 지도자로 부상한 케말 파샤는 오스만 제국의 점진적인 개혁으로는 더 이상

오스만 제국의 영광과 쇠락, 튀르키예 공화국의 자화상

사회의 재건이 불가능하다는 판단을 가지고 젊은 장교와 지식인의 점진적인 개혁 방향에 비판적인 입장이었다. 이후 튀르키예 공화국 독립 과정에서 권력을 장악한 케말 파샤는 이때까지의 개혁과는 다른 급진적인 개혁을 추진하였다.

오스만 제국의 전반적인 개혁 과정을 살펴보면, 초기에는 군대 개혁에서 시작하여 차츰 공공 개혁과 서구식 문화와 생활방식, 사고의 수용 등으로 옮겨갔다. 개혁의 주체는 아래로부터 이루어지기보다는 술탄을 정점으로 하는 중앙 관료 조직이 불가피한 시점에 이르면 추진하는 방향이었으며, 지방 토호 세력이나 보수적인 이슬람 세력은 개혁에 반대하였다. 또한 개혁을 추진하는 층은 탄지마트 개혁 정책을 시행하는 등 광범위하게 개혁을 추진한다고 하였음에도 불구하고, 제국 내 비이슬람 세력은 세속적인 법규의 도입을 요구하는 등 더욱 강력한 개혁을 원하였다. 예를 들면 탄지마트 정책은 상당히 개혁적이었지만, 이슬람 법규나 전통적인 체제의 범위에서만 이루어졌기에 일정한 한계는 있었다. 이러한 한계가 무너진 것은 튀르키예 공화국 건국 이후 급진적인 아타튀르크 개혁이 이루어지면서이다. 아타튀르크는 완전히 새로운 접근 방안으로 국가주권, 자주권 등 민주국가의 개념을 도입하여 종교를 정치와 분리하는 세속적인 정치체제를 구축하여 술탄 중심의 체제를 완전히 바꾸었다.

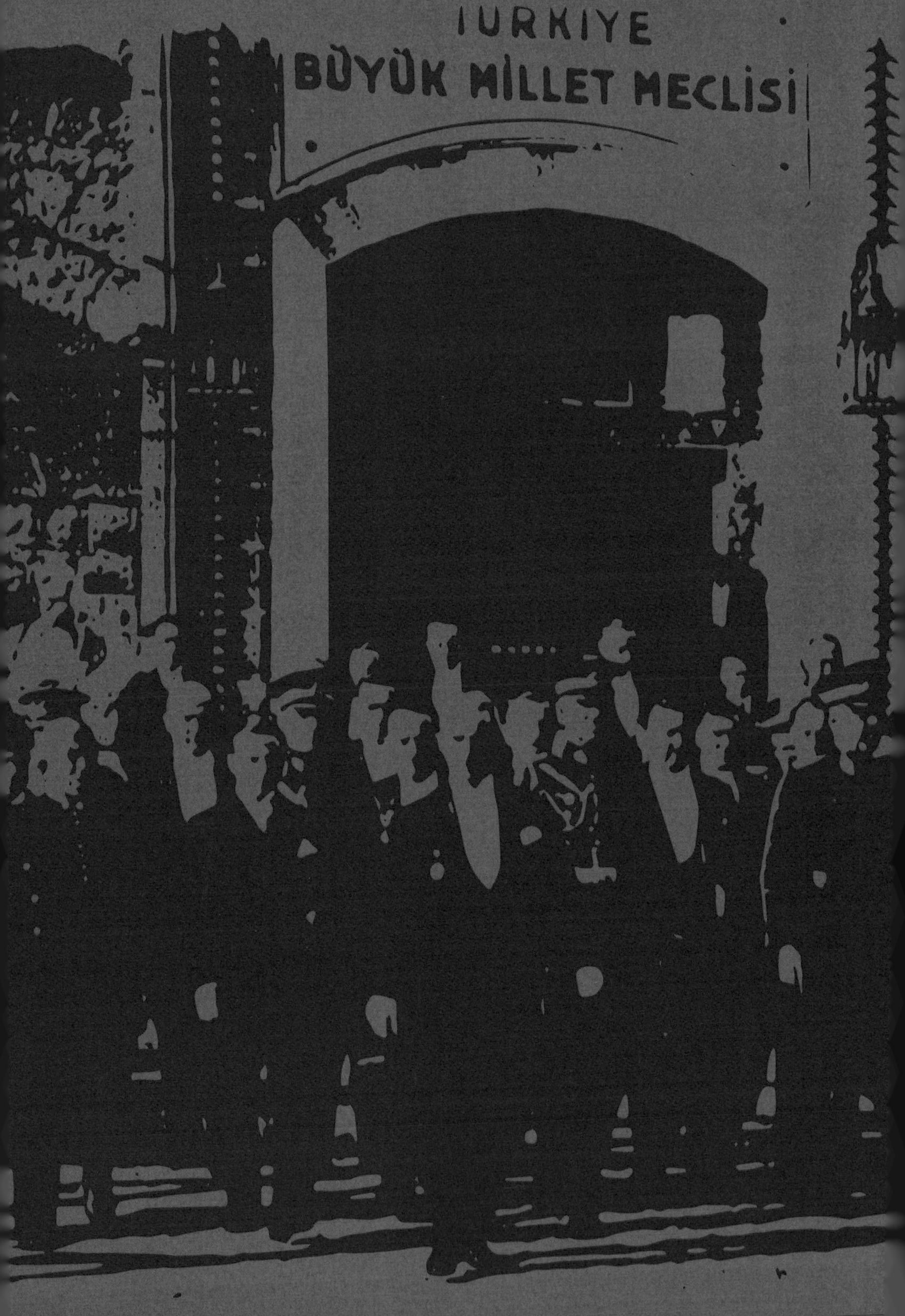
TURKIYE
BÜYÜK MILLET MECLISI

튀르키예 공화국의
자화상

이스탄불의 저녁

01

중동 속의
튀르키예

수백 년간 유럽 정치의 중심에 있었던 오스만 제국이 1922년 해체된 이후, 1923년 건국된 튀르키예 공화국은 1938년 아타튀르크 사후 20세기 내내 국제 정치에서 거의 존재감이 없었다. 이에 반해 오스만 제국의 한 부분이었던 이집트·시리아·팔레스타인·이스라엘은 20세기 후반 네 차례 벌어진 중동전쟁과 이스라엘-팔레스타인 간의 지속적인 분쟁으로 세계적인 관심사였다. 또한 사우디아라비아, 리비아 등 중동 산유국들은 서구 국가의 친이스라엘 입장에 대응하여 OPEC 기구를 만들어 1973년과 1979년 전 세계 규모의 석유파동을 주도하였는데, 이들 국가가 세계 경제의 에너지 보급창이었기에 전 세계가 주시하였다.

이란과 이라크도 국제 뉴스의 중심이었다. 이란은 1979년 호메이니 정권의 수립 이후 미국 및 서방 국가와 대립하면서 핵 개발 등 민감한 사안으로 지금까지 국제 정치의 중요한 한 축이 되고

오스만 제국의 영광과 쇠락, 튀르키예 공화국의 자화상

있다. 또한 이라크의 후세인 대통령은 1980년부터 1988년까지 이란과 8년 전쟁을 치르고, 1990년 쿠웨이트를 침공하였으며, 2003년 미군에 의하여 축출되기까지 중동의 불안 요인이었다. 후세인 대통령이 쫓겨난 지가 19년이 된 지금까지 이라크는 테러나 난민의 근원지로서 국제 뉴스에서 끊임없이 등장하곤 한다.

이와 같이 중동의 문제를 떠올리면 자연스럽게 이란·이라크·사우디아라비아·이집트·시리아·이스라엘 등이 거론되어 왔다. 이에 반해 과거 수백 년간 소아시아·발칸반도·중동 및 북아프리카에 걸친 지역을 통치하면서 유럽에까지 영향력을 행사하였던 오스만제국에 뿌리를 두고 탄생한 튀르키예는 수십 년 동안 존재감이 거의 없었다. 여러 차례 발생한 군사 쿠데타와 사이프러스 분쟁으로 가끔 국제 언론에 나타났을 뿐 20세기에 튀르키예는 스쳐 지나가는 정도의 나라에 불과했다.

이러했던 튀르키예의 위상이 조금씩 드러나기 시작한 것은 2000년대에 들어서면서부터이다. 2000년대 초반 튀르키예는 중동의 민주국가 및 경제성장의 모델로 인식되기 시작하면서 관심 국가로 떠올랐다. 2010년 시작된 아랍의 봄 격류가 중동·아프리카 전역에 휘몰아치고 2011년 이후 시리아 내전이 지속되는 가운데 튀르키예의 존재가 급부상하였다. 근래 관심사가 되었던 이슬람 극단세력(IS), 시리아 난민, 쿠르드족 활동 등의 문제에 접근하는 데 있어 튀르키예를 제외하고 이해하기가 어렵게 되었다. 그렇다고 튀르키예가 중동 국가와의 관계가 원만하거나 문제 해결의 조정자가 되었다는 것이 아니다. 그보다는 중동에서 일어나는 민감한 문제들이 튀르키예와 여러모로 연계되어 있기 때문이다. 지난 20여 년간 어떠한 변화가 있었기에 튀르키예가 주목받게 되었을까?

중동과 북아프리카 지역은 2010년 아랍의 봄이 가져온 혼란 이후 10여 년이 지난 지금에도 그 여파가 남아 있는 가운데 불안감이 지속되고 있다. 이 지역의 강국이었던 이집트·리비아의 실권자가 실각하고, 시리아는 10년 이상 내전으로 이란의 영향권에 들어갔다. 이란은 2015년 서구 국가와 핵 협정을 타결하여 국제무대에 나서기 시작했으나 트럼프 전 행정부가 이를 파기하고 재차 경제 제재를 하면서 국가 경제가 어려워지고 이로 인해 국내적 동요가 심한 상황이다. 사우디아라비아는 대내적으로 새로운 개혁 정책을 추진하는 가운데 기존의 왕위 계승 과정에서 일탈하여 내부 권력 쟁투가 발생하였으며, 대외적으로는 이란에 우호적인 카타르를 배제시키는 연합 전선을 구축하여 걸프 국가 사이에서 균열이 일어났다.

경제적으로도 지난 10여 년은 녹록지 않았다. 2010년을 전후하여 미국의 셰일 오일 및 가스 개발이 본격화하면서 세계 각국의 중동 에너지 의존도가 급격히 하락하였다. 중동 국가의 주요 재정 수입원인 석유·가스 가격이 급격히 하락하여 중동·북아프리카의 산유국들이 예외 없이 재정적인 어려움을 겪었다. 1970년대 이후

2015년까지의 유가 사이클을 보면 에너지 가격의 등락에 있어 일정 기간 하락하더라도 어느 시점에서는 상승할 가능성이 있어 중동의 영향력은 무시할 수 없었다. 그러나 기후변화로 인한 온난화에 대처하기 위하여 화석에너지 사용을 줄이고 신재생에너지 활용 필요성이 높아지면서 예전과 같은 유가 사이클 변동을 기대하기는 어렵다는 것이 에너지 전문가들의 의견이었다. 하지만 우크라이나 전쟁과 같은 안보 요인으로 재차 유가가 상승하는 현상을 보이면서 국제무대에서 사우디아라비아 등 산유국의 위상을 여전히 무시할 수는 없는 상황이다. 그럼에도 기후변화가 더욱 심각해지면서 화석에너지 의존도는 감소할 가능성이 높아지고 산유국들이 예전과 같은 영향력을 유지하기는 어렵다는 것이 중론이다. 이러한 변화에 대응하여 중동 국가들도 그동안 화석에너지에 의존했던 경제구조를 다변화시키기 위하여 노력하고 있다.

한편 시리아 내전과 난민의 급증, 이라크·리비아의 사회 균열, 쿠르드의 확산 등으로 중동 국가들은 전반적으로 정치적 혼란과 경제적 어려움에 직면하고 있다. 특히 이라크·시리아의 국내적인 정치·경제 불안으로 대규모 난민들이 유럽 및 튀르키예로 몰려들었다. 20세기에 중동 문제에 대하여 목소리를 높였던 역내 국가들의 역할은 국정운영 능력이나 경제력 등의 한계로 점차 위축되고, 강대국의 움직임을 주시하고 있을 뿐이다.

이러한 가운데 그동안 존재감이 높지 않았던 튀르키예가 국제적인 주목을 받고 있다. 그 이유는 시리아·이라크·이란 등 현재 중동의 예민한 문제를 안고 있는 국가들과 국경을 접하고 있으며, 이들 국가의 문제가 전이되어 8,300만여 명 인구의 튀르키예가 흔들릴 경우 유럽 전체가 불안해질 수 있기 때문이다. 서구 국가들은 튀르키예의 민주화를 기대하였지만 지금은 민주화 기대는 점차 사라지고 튀르키예의 안정을 더 중요시하고 있다. 튀르키예가 불안하게 될 경우 튀르키예 내에 수용하고 있는 370만여 명의 난민이 유럽으로 몰려들 뿐만 아니라, 중동의 불안이 바이러스와 같이 전 세계의 문제로 확산되는 것을 우려하기 때문이다. 아울러 우크라이나 전쟁을 계기로 러시아와 우크라이나 간의 휴전이나 곡물 수출을 위한 협상의 장을 튀르키예가 제공하고 있다. 이러한 측면에서 튀르키예의 움직임과 변화에 대하여 세계의 관심이 점차 증가하고 있다.

튀르키예의 국내 상황도 에르도안이 집권한 지난 20여 년간 상당한 변화를 겪었다. 사회적으로 이슬람화 경향이 확대되는 가운데 1923년 튀르키예 공화국 출범 이후 100여 년 이어 온 내각제 정치구조가 2017년 국민투표를 통하여 대통령제로 바뀌었다. 새로운 헌법에 따라 2018년 실시된 대선에서 에르도안 대통령이 당선되어 5년의 임기를 수행 중이다. 이제 2023년 6월 대선이 예정되어 있는 가운데 국내 상황에 따라 조기 대선 가능성도 일각에서는 제기하고 있다.

튀르키예는 2차 대전 이후 친서방 정책을 외교의 근간으로 삼았으나 에르도안 정부 집권 이후 주변 이슬람 국가 우선 정책으로 꾸준히 커다란 방향 전환을 해오고 있다. 이러한 가운데 1979년 이후 신정정치를 하고 있는 이란, 2003년 후세인 대통령 축출 이후 불안해진 이라크, 2011년 이후 내전으로 전쟁이 일상화된 시리아의 정세가 튀르키예와 연관되어 있어 이들 국가의 불안한 상황이 튀르키예의 문제가 되고 있다. 이제 중동을 이해하기 위해서는 튀르키예에 대한 이해가 필수적이다. 튀르키예 국내 정치의 변화, 주변국 및 강대국과의 관계, 튀르키예와 중동 에너지 구도의 변화, 우크라이나-러시아 전쟁 등을 살펴보아야 한다.

튀르키예는 시리아 내전으로 2015년 이후 지속되는 난민 유입, 쿠르드와의 전쟁, IS에 의한 테러, 군사 쿠데타의 실패와 대대적인 숙청 등 극심한 사회적 혼란을 겪었다. 이러한 변화는 튀르키예 공화국 건립 시기에도 마찬가지였다. 튀르키예의 급격한 변화와 혼란 가운데 중심축이 된 지도자는 아타튀르크 대통령과 에르도안 대통령이다. 튀르키예 정세를 이해하기 위해서는 정치 제도보다는 정치 지도자에 대한 이해가 출발점이 되어야 한다는 것을 현장에서 느낀다. 이러한 점에서 튀르키예의 토대를 마련한 국부 아타튀르크와 현재 장기간 집권하고 있는 에르도안 대통령의 여러 측면을 탐구한 이후 튀르키예의 정치·경제·대외관계에 대하여 살펴보고자 한다.

국부 아타튀르크

오스만 제국의 영광과 쇠락, 튀르키예 공화국의 자화상

02 20세기의 강력한 지도자 아타튀르크: 튀르키예 공화국의 국부

튀르키예 공화국은 1923년에 건국되었다. 100여 년 역사의 튀르키예를 이해하려면 1919년부터 1922년까지 아타튀르크가 주도한 튀르키예 독립전쟁과 1923년 튀르키예 건국 이후 1938년까지 20여 년 (1919-1938)의 아타튀르크 통치 시기, 그리고 정의개발당 창당 이후 현재까지 20여 년(2003-현재)의 에르도안 통치 시기를 이해하면 커다란 무리가 없을 것이다. 그 중간의 시기인 1938년부터 2002년까지 60여 년 동안 튀르키예는 국내적으로 계속 진통을 겪으면서 나라의 발전은 정체되었으며, 국제적으로도 주목을 받지 못하였다.

튀르키예의 두 지도자가 부상한 배경을 비교해 보면 군인이었던 아타튀르크가 권력의 핵으로 떠오른 계기는 1915년 갈리폴리 전투이고, 정치 지망생이었던 에르도안이 권력을 잡을 수 있었던 계기는 1994년 이스탄불 시장이 되면서부터이다. 두 지도자 공히 자신이 경력을 쌓아온 과정에서 성공하였다. 이 두 지도자는 우리와도 가

느다란 연결선이 있다. 박정희 대통령이 1961년 집권 후 아타튀르크의 지도력에 대하여 관심을 가진 바 있으며, 에르도안 대통령은 정치체제를 바꾸면서 한국 경제발전의 원동력이 대통령제에 기반하고 있다고 보고 한국의 정치 제도에 대하여 관심을 가진 바 있다.

1938년에 아타튀르크가 서거한 지 80년이 지났지만 여전히 그에 대한 국민들의 존경심은 사그라들지 않고 있다. 지금도 아타튀르크에 대한 튀르키예인들의 사랑과 존경은 튀르키예 어디를 가더라도 아타튀르크 사진을 손쉽게 볼 수 있는 점에서 알 수 있다. 북한에서 김일성 유훈통치가 아직도 이루어진다고 하지만, 그와 견줄 수 없을 정도로 국민들의 마음속에 아타튀르크가 자리 잡고 있다. 왜 그럴까 하는 호기심이 자연적으로 일어난다.

'아타튀르크(Ataturk)'는 '투르크의 아버지'라는 뜻으로 튀르키예 의회에서 부여한 이름이다. 그의 원래 이름은 무스타파 케말(Mustafa Kemal)로, 1881년에 지금의 그리스 2대 도시인 테살로니카(현재는 살로니카)에서 태어났다. 이 도시는 오스만 제국의 2대 도시이자 문화도시로서 영국과 프랑스풍이 유행하던 뉴욕과 같은 도시였다.

그는 유럽의 교육 과정을 도입한 군사대학과 군사참모대학에서 장교로 교육받은 이후, 시리아 등 오스만 제국의 여러 임지에서 근무하였다. 당시 오스만 제국은 점차 세력을 잃어 가고 있어 예전의 영화를 되살리기 위한 개혁의 바람이 불고 있었다. 여전히

오스만 제국의 영광과 쇠락, 튀르키예 공화국의 자화상

술탄이 정권을 잡고 있었지만 실제로는 개혁을 주창하는 젊은 장교를 중심으로 하는 연합진보위원회(CUP: Committee of Union and Progress)가 세력을 행사하고 있었다. 케말은 이 세력에 거의 관여하지 않았을 뿐만 아니라 군 장교가 정치에 관여하는 데 대하여 반대하는 입장이었다. 그는 야전에서 리비아 및 발칸 전투에 참여하였으며 주불가리아 오스만 제국 대사관의 무관으로 활동하기도 하여 국제 흐름에 대한 지식이 높았다.

그가 군 장교로서 또한 지도자로서 우뚝 서게 된 계기는 1915년 중령으로 갈리폴리 전투를 지휘하면서 영국과 프랑스 연합군을 물리친 것이다. 1914년 1차 대전이 발발하면서 오스만 제국은 독일 등 동맹국 편에 가담하여 영국·프랑스 등 연합국에 대항하였다. 당시 오스만 제국이 동맹국에 가담한 것은 잘못된 결정으로, 무너져 내리던 오스만 제국의 패망을 가속화하였다고 평가되고 있다.

1차 대전 당시 오스만 제국은 여러 전쟁에서 패배하였는데 갈리폴리 전투는 예외이다. 갈리폴리 전투는 우리의 명량 대첩과 같이 튀르키예인들이 가장 자랑스럽게 생각하는 전투로 모든 국민이 잘 알고 있다. 앙카라의 아타튀르크 영묘 옆 전시관의 한 벽면 전체가 갈리폴리 전투에 관한 내용이고 항상 참관하는 사람들로 붐빈다. 갈리폴리 전투가 일어난 곳은 다르다넬스 해협과 바로 연하여 있다. 기원전 5세기 페르시아 대군이 그리스 연합체를 점령하기 위하여 해협을 지나 그리스 지역으로 진군하기도 하고, 이들이

마라톤 전투와 살라미스 해전에서 패퇴하고 서둘러 도망하여 넘었던 해협이 바로 다르다넬스 해협이다. 또한 알렉산더 대왕이 페르시아를 공격하기 위하여 건넜던 곳도 다르다넬스 해협으로, 당시에는 헬레스폰트(Hellespont)라고 불렀다.

1차 대전 당시 유럽 본토에서는 영국·프랑스군과 독일군 간의 전투가 일진일퇴하면서 교착상태에 빠져 있었고 동맹국인 러시아와는 협조가 어려웠다. 이에 처칠 해군성장관은 영국·프랑스 해군 세력이 지중해-에게해-다르다넬스 해협-마르마르해-보스포루스 해협-흑해를 거쳐 진출하여 독일·오스트리아 동맹국의 동남부 배후를 공격하고 카프카스 지역에서 전투를 하고 있는 러시아를 지원한다는 전략에 따라 오스만 제국이 관할하고 있는 갈리폴리 지역을 공격하였다. 당시 오스만 제국의 군사력은 점차 미약해지고 있어 이러한 전략이 실패하리라고는 전혀 예상치 못했다. 그러나 케말 중령은 군 장비 등의 열세에도 불구하고 자신의 전술로 갈리폴리 전투에서 연합국 최신 함대를 크게 무찔렀다. 약 1년간 지속된 갈리폴리 전투를 성공적으로 이끈 케말의 명성은 널리 알려졌으며, 1919년부터 1922년까지 튀르키예 공화국의 독립전쟁을 지속할 수 있는 원동력이 되었고 이후 튀르키예 공화국 건국의 밑거름이 되었다. 갈리폴리 전쟁은 오스만 제국의 군대가 전쟁마다 패퇴하여 낙담하여 있던 국민들에게 자부심을 불어넣어 주었으며 지금까지도 튀르키예 사람들이 즐겨 이야기하는 주제이다.

오스만 제국의 영광과 쇠락, 튀르키예 공화국의 자화상

아타튀르크 영묘 ⓒ Murat Guelyaz

03 아타튀르크 개혁:
서구화를 위한 급진적 변화

　케말은 독립전쟁을 통하여 튀르키예 공화국을 건국하였을 뿐만 아니라 국내적으로 급진적인 개혁을 추진하였다. 그는 술탄 중심의 오스만 제국 시스템을 무너트리고, 국민이 절대적인 주권을 보유한다는 개념을 도입하였다. 이에 따라 국민의 의사를 대변하는 의회를 통하여 중요한 결정을 하도록 하였다.

　케말은 정치·종교적인 개혁 조치의 일환으로 칼리프의 지위와 술탄의 지위를 분리하고, 우선 술탄 지위를 없앤 다음 연이어 칼리프 지위도 없앴다. 그가 정치와 종교를 분리하여 국정운영을 세속화하였던 것은 정치구조를 급진적으로 바꾸는 조치였다. 당시 연합국과의 전투에서 승리한 이후 조약 협상과 체결 주체를 정해야 하는데 아타튀르크는 술탄을 그 주체로 할 수 없어, 튀르키예 공화국의 절대적인 주권을 의회가 부여받도록 했다. 후속적인 조치로 의회는 칼리프의 지위와 술탄의 지위를 분리한 다음, 1922년

11월 술탄 지위를 먼저 폐지하였다. 이러한 개혁에 대하여 보수적인 이슬람 성직자들은 칼리프가 정치적 책임을 가지는 국가원수로서의 통치 권한도 가지고 있다고 하면서 술탄제 폐지를 강력히 반대하였다. 이에 대하여 케말은 의회만이 튀르키예의 주권을 가지는 유일한 정치권력의 원천이며, 따라서 오스만 제국은 멸망하였다고 하면서 술탄제 폐지를 강행하였다.

그는 새로운 튀르키예 국가가 오스만 제국의 모든 권한을 승계하였음을 선언하였으며, 이러한 선언에 따라 1923년 튀르키예 공화국을 선포하고 1924년에는 칼리프 지위도 폐지하였다. 공화국이 선포된 이후 소집된 초대 의회에서 케말이 초대 대통령으로 선출되었는데, 이 회의에서 칼리프 지위를 폐지하려는 움직임에 대하여 반대가 심하였다. 그러나 케말은 다윈의 생존경쟁 논리를 국가에도 적용하여, 모든 국가는 생존하기 위하여 투쟁하며 이를 통하여 현대식 발전적 국가가 된다고 주장했다. 칼리프 지위는 반동의 근원이 되며 국가 개혁을 저해하는 원인이 되어 그대로 둘 경우 언젠가는 술탄 지위를 복원시킬 수 있다고 보아 케말의 주도하에 의회의 결정으로 칼리프 지위도 폐지하였다.

당시 이러한 조치에 대하여 14세기 이후 아시아에서 일어난 개혁 중 가장 놀랄 만하다는 평가도 있었다. 그럼에도 케말은 국가의 근대화가 생사의 갈림길이라고 보았다. 이를 위하여 종교적 권한이 아니라 국가의지가 담긴 규율로 합법화할 수 있는 혁명적인 조치를 취해야만 근대화가 이루어질 수 있다고 보았다. 나아가 정치 지도자가 이러한 조치를 과감하게 취하고 국민들이 따르게 해야 한다는 입장이었다. 그는 오스만 제국 시절 술탄이 행사한 전제적인 위력과 종교적 위계질서를 배제하는 대신, 법률과 정치적인 역량을 통하여 사회의 발전을 도모하고 근대화를 이루고자 하였다.

그는 종교와 정치를 분리하는 세속적인 개혁 조치 이외에도 서양식 법률 제도와 세속적인 교육 시스템을 도입하고, 헌법을 개정하여 세속화를 규정하도록 했으며, 라틴 알파벳을 도입하였다. 또한 이슬람 종교법을 폐지하고, 남녀가 동등한 권리를 가지도록 했으며, 이슬람 모스크에서 튀르키예어로 설교하고 근대식 복장을 착용하도록 하였다.

아타튀르크의 최대 업적은 오스만 제국이 멸망하면서 난도질을 당할 위기에 있던 튀르키예를 구해내어 공화국을 건국한 것이다. 그러나 튀르키예 공화국을 건국한 것뿐만 아니라 공화국 출범 이후 오스만 제국의 전통과 단절하고 서구 모델에 따른 세속적인 국가로 변모하도록 사회 제도를 전반적으로 개혁한 것은 그의 또 다른 업적이다. 그가 세속주의적 정치 시스템을 구축하였다고 하지만, 그렇다고 하여 정부구조까지 바꿔 국민의 결정에 따르는 민주주의적인 방식을 채택한 것은 아니다. 그는 자신이 모든 권력을 행사하는 권위주의적 정치 시스템으로 바꾸었다. 그가 추구한 세속주의 정부구조는 이슬람 종교를 억압한 것은 아니지만, 제국 시절 종교가 정치와 연결되어 국가 운영의 중요한 틀이 되었던 점을 배척하면서 종교를 개인의 영역으로 주변화하였다.

그러나 아타튀르크 사후 65년이 지나 집권한 에르도안은 점진적으로 종교와 정치를 연결시켜 나가고 있다. 이슬람 종교가 정치·교육 등 제반 분야에서 그 영향력을 확대해 나가고 있다. 이에 따라 아타튀르크가 구축한 세속적인 시스템은 점진적으로 해체되고 있다.

갈리폴리반도 정상에 우뚝 선 아타튀르크 동상

오스만 제국의 영광과 쇠락, 튀르키예 공화국의 자화상

04   아타튀르크의
                                                리더십

튀르키예에 대사로 부임한 이후 방문하는 곳마다 국부 아타튀르크의 자취를 보게 되어 참으로 특이한 나라라는 생각이 들었다. 이스탄불 국제공항의 이름이 아타튀르크 공항이었고, 모든 화폐의 앞면에는 아타튀르크의 모습이 새겨져 있었다. 전국 어느 도시에 가더라도 그의 이름을 딴 거리가 있었고 시내 중심마다 아타튀르크의 동상이 세워져 있었으며, 어느 관공서에 가더라도 그의 사진이 사무실 중앙에 걸려 있었다. 외국의 대사들은 대통령에게 신임장을 제출한 이후 튀르키예 정부가 주선하는 아타튀르크 영묘靈廟 방문을 첫 외교 행사로 마치고 나서야 공식적으로 활동하였다.

아타튀르크를 너무 신격화하는 것이 아닌가 하는 생각도 들었지만, 여러 계층의 튀르키예 사람들과 이야기해 보면 거의 모두가 아타튀르크를 진심으로 존경하면서 국부로 생각하고 있음을 알 수 있었다. 그래서인지 아타튀르크의 시신을 모셔 놓은 앙카라의 영묘는 튀르키예 국민들이 꼭 가 봐야 할 버킷리스트 방문지로서 사시사철 참배하는 사람들로 붐빈다. 영묘 건물 안은 우리의 현충원같이 옷깃을 여미는 분위기지만, 그 앞 광장은 유명 관광지와 같이 젊은 사람들로 활기가 넘치고 사람들이 영묘를 배경으로 사진을 찍는 데 여념이 없었다. 서거한 지 80년이 지난 지금도 아타튀르크는 여전히 국민들 삶의 한 부분이고, 그가 남긴 정책이 아직도 튀르키예를 통치하고 있다고 해도 과언이 아니다.

무스타파 케말 아타튀르크, 그의 본명은 무스타파이고 중학교 시절 수학을 잘해 완벽하다는 의미의 '케말'이 별칭으로 붙어 무스타파 케말이라고 불렸다. 튀르키예 공화국 출범 이후 1934년 가족법에 따라 모든 사람이 성(姓)을 갖도록 되었는데 그에게는 의회가 부여한 '튀르키예인의 아버지'라는 의미의 아타튀르크가 붙었다. 그래서 1934년 이전에는 무스타파 케말이라고 불리다가 이후에는 아타튀르크라고 불린다. 튀르키예인들에 대한 여론조사에서 가장 자랑스럽게 생각하는 역사적 인물 1위로 꼽히는 사람은 단연 아타튀르크이다. 비잔틴 제국의 콘스탄티노플을 장악했던 메흐메트 2세 술탄이나, 중동·발칸·북아프리카에 걸쳐 광대한 영토를 차지했던 슐레이만 대제보다 아타튀르크를 국민들이 더 추앙하고 있는데 그에 대한 기록을 읽어 보면 충분히 이해할 만하다.

아타튀르크의 업적은 크게 양분된다. 그는 오스만 제국이 처절

오스만 제국의 영광과 쇠락, 튀르키예 공화국의 자화상

하게 와해되는 가운데 소아시아 지역에서나마 튀르키예를 보전하여 나라를 구하였으며, 또한 오스만 제국과는 완전히 다른 정체성을 가진 공화국을 건국하고 광범위한 개혁을 하여 나라를 근대화시켰다. 그는 시대가 낳은 인물이었지만 시대를 뛰어넘은 인물이기도 했다. 그가 태어나고 성장한 19세기 말과 20세기 초에 오스만 제국의 운명은 크게 흔들리고 있었다. 15-17세기에 유럽 세력을 좌지우지했던 오스만 제국이 19세기에는 오히려 유럽 강국에 의해 그 운명이 이리저리 흔들리고 있었다. 대외적으로 러시아의 남진, 영국·프랑스의 침탈, 제국 내 각 민족의 저항으로 방향을 잃었고, 국내적으로 술탄 등 지배층 또는 젊은 장교 등 신진세력이 시대의 흐름을 좇고자 개혁을 하였으나 실패하였다. 설상가상으로 1912-1913년 발칸전쟁에서 패배하여 일부 지역이 제국으로부터 떨어져 나갔고 세계 1차 대전에 독일·오스트리아 편이 되어 참전하였지만 패전하여 와해되고 있었다.

이처럼 허물어지고 있는 오스만 제국에서 튀르키예인들이 그나마 기댈 수 있는 유일한 희망은 무스타파 케말뿐이었다. 그는 군사적 전략가일 뿐만 아니라 난세의 지도자라고 평가받는데 그 결정적인 계기가 앞서 설명한 1915년 갈리폴리 전투였다. 오스만 제국의 군대는 병력 및 군수 보급에서 상당히 열악했고 영국·프랑스가 주축이 된 연합국과 전투하면서 탄약이 없어 후퇴할 정도였다. 이런 상황에서 최전선에서 지휘하던 무스타파 케말은 탄약이 떨어지면 총검을 써서 육탄전으로 버틸 것을 지시하는 등 배수진을 친 가운데 전투하여 연합군을 물리쳤다. 당시 그가 부하들에게 "공격하라는 명령은 내리지 않겠다. 다만 죽으라는 명령을 내린다. 우리가 죽을 때쯤 다른 부대와 지휘관들이 우리의 임무를 대신할 것이다"라고 지시했다는 이야기는 튀르키예에서 회자되는 내용으로, 이순신 장군이 명량해전을 앞두고 말한 "살고자 하면 죽을 것이요, 죽고자 하면 살게 될 것이다(必死則生, 必生則死)"와 거의 유사하다.

1915년 3월부터 1916년 2월까지 1년 가까이 지속된 전투에서 약 50만여 명의 양측 젊은이들이 희생되었다. 연합국이 갈리폴리 전투에서 패배한 이후 처칠은 해군성장관직에서 불명예 퇴진을 해야 했고 러시아에서는 1917년 소련 혁명의 기운이 타오르게 되었다. 갈리폴리의 승리에도 불구하고 오스만 제국은 결국 연합국에 무릎을 꿇고 해체 과정을 밟았다. 영국과 프랑스는 중동 지역을 차지하고, 이태리·그리스는 소아시아 남부·서부를 장악하며 제국의 수도였던 이스탄불은 영국·프랑스·이태리가 공동 관할하도록 되었다. 아르메니아는 소아시아 동부까지 영역을 확장하고 쿠르드는 독립하며, 외국인들에게는 치외법권의 특권이 주어지도록 하는 세브르 조약안이 제시되었다.

그러나 무스타파 케말은 이 조약안을 거부하고 독립전쟁을 시작하였는데 그 과정은 결코 순탄하지 않았다. 갈리폴리 전투로 국

오스만 제국의 영광과 쇠락, 튀르키예 공화국의 자화상

민의 신뢰를 얻었던 무스타파 케말을 중심으로 하는 저항의 구심점은 형성되었지만 군사적 전력이 절대적으로 열세였기에 국민적 지원에만 의존하여 극복할 수 있는 상황이 아니었다. 그는 전력의 열세를 만회하기 위하여 국제 상황의 변화를 읽으면서 외교를 통하여 연합 세력 간의 분열을 조장하였다. 그는 영국과 프랑스 사이에서 상호 이견이 심하고 오랜 전쟁으로 프랑스·이태리 등은 소아시아에서 군사적 행동을 지속할 의사가 없었으며 영국에서도 장기간의 전쟁에 대한 국민들의 염증 여론이 증가하고 있는 점을 파악하였다. 동부전선에서도 커다란 변화가 생겨 1917년 소련의 혁명 이후 정권을 장악한 소련의 볼세비키는 1차 대전에서 연합하였던 영국·프랑스를 제국주의 국가로 경계하면서 오히려 튀르키예에 대하여 무기 및 자금 지원을 하였다. 이러한 상황에서 러시아를 이용하여 영국을, 영국을 이용하여 프랑스를, 그리고 불가리아를 이용하여 그리스를 견제했다. 외교를 통하여 프랑스·이태리에게 경제개발 특권을 부여하면서 소아시아에서 그 병력을 철수하도록 하였다. 무스타파 케말은 연합국의 분열된 상황을 십분 활용하여 영국·프랑스 등과 전쟁을 피하는 가운데, 튀르키예의 전력을 그리스 및 아르메니아를 격퇴하는 데 집중하였다. 이를 통해 4년간의 독립전쟁을 승리로 이끌어냈고 마침내 소아시아 지역을 보전한 가운데 튀르키예 공화국을 건설하였다.

무스타파 케말은 새로이 건국된 튀르키예를 어떤 방식으로 개혁

할 것인가를 고민했다. 정치체제와 관련하여 오스만 제국의 술탄제와 칼리프제를 폐지하고, '모든 정당한 정부는 공화제'라는 장자크 루소의 개념과 이를 모태로 한 프랑스의 공화제를 도입하고자 하였다. 다만 오스만 제국의 양대 근간이었던 술탄과 칼리프를 동시에 폐지할 경우 심한 반발을 예상하여 공화국을 건국하기 이전인 1922년 먼저 이슬람 종교에 기반한 술탄 중심 시스템을 폐지하였다. 다음 단계로 광신적 믿음은 사라져야 하며, 종교를 정치와 분리하는 세속적 정치체제를 추진하였다. 그는 칼리프 제도가 중세의 용종과 같다고 보면서 1924년 의회의 결정을 빌어 칼리프제를 폐지하고 모든 종교학교를 일반학교로 전환시켰다.

무스타파 케말은 술탄제 및 칼리프 지위 폐지 이후에도 개혁 조치를 계속해 나갔다. 그는 종교적 권한이 아니라 국가의지가 담긴 발전적인 규율로서 합법화할 수 있는 혁명적인 조치를 취해야만 근대화가 이루어질 수 있다고 보았다. 그가 취한 대표적인 근대화 조치는 문자 개혁이었다. 당시 오스만 튀르키예인들은 아랍어를 쓰고 있어 문맹률이 90%에 이를 정도로 높았다. 그는 국민들의 문자 해독 능력을 증진시키기 위해 튀르키예어를 새로 만드는 문자 위원회를 구성하였다. 위원회 위원들은 문자를 새로 만들고 교육시키며 활자화하는 데 5년 정도 소요될 것으로 보고하였다. 그러나 무스타파 케말은 3개월 내에 새로운 문자를 만들도록 하였으며 새 문자가 제정된 후 바로 교육하고 활자화해 나갔다. 그

오스만 제국의 영광과 쇠락, 튀르키예 공화국의 자화상

는 아랍 문자가 이슬람과 오스만 제국을 연결시키고 있다고 판단하고 새로운 문자를 만들어 그 연결고리를 끊고자 하였다. 새로운 튀르키예어는 한글과 같은 표음문자로 배우기가 쉬워 튀르키예인들의 문자 습득률이 급속히 증진되었으며, 튀르키예어로 쓴 오르한 파묵의 소설이 2006년 노벨문학상을 수상할 정도로 언어의 깊이도 있다.

또 다른 개혁 조치는 여성의 해방이다. 오스만 제국의 관념적 인식은 여성이 열등하기에 남편 등 가족뿐만 아니라 사회 전체가 여성을 주시하고 보호해야 한다는 것이다. 그러나 무스타파 케말은 남녀가 평등하며, 여성이 인간의 어머니이기에 동등한 교육, 나아가 더 나은 교육을 받아야 한다고 주장하였다. 그는 가족법을 개정하여 일부다처제를 없애고, 남녀가 동등한 권리로 결혼과 이혼을 할 수 있도록 하였으며, 새로운 선거법으로 여성에게 동등한 선거권 및 피선거권을 부여하였다. 이러한 획기적인 조치에 대하여 의회 내 선거법 개정 과정에서 소동이 일어나고 특히 이슬람 세력의 반대가 심했다. 그럼에도 무스타파 케말은 오히려 여성의 투표를 독려하여 1935년 총선에서 17명의 여성 의원이 당선되었다.

무스타파 케말은 독립전쟁 중에는 연합국 간의 갈등을 이용하였지만 독립 후에는 주변국과 분쟁을 마무리하는 데 중점을 두었다. 그는 '국내의 평화, 세계의 평화(Peace at Home and Peace in the

World)'라는 이름으로 평화에 중점을 둔 외교 정책을 채택하였으며 외국의 분쟁에 가능한 한 관여하지 않았다. 이러한 외교 정책에 따라 먼저 영국이 장악한 동남부 지역의 모술을 양보하였다. 모술은 석유 생산지로 쿠르드 분리주의자들의 거점이 될 가능성이 우려되었지만 영국과 계속 전쟁을 한다고 해도 승리하기도 어렵고 튀르키예의 독립 후에도 그리스와의 긴장이 지속되고 있었으며 이태리의 무솔리니가 튀르키예의 남부인 안탈리아를 점령할 가능성도 있었기 때문이다. 그리스와는 서로의 영토에 거주하는 그리스계 110만여 명과 무슬림계 38만여 명의 강제 인구교환을 실현하여 화해하였고 상호 총리 방문을 통하여 전쟁으로 인한 불신을 극복하였다. 또한 수백 년간 경쟁관계였던 페르시아 그리고 이라크 및 아프가니스탄과 사다바드 평화조약을 맺어 튀르키예 동부 지역의 안정도 확보하였다.

　무스타파 케말은 국제사회의 변화에 대하여 예리한 식견을 가졌는데 히틀러의 정책이 국민을 노예화하는 경향이 있다고 보았고, 무솔리니가 권력을 잡았지만 향후 국민의 반대로 축출될 가능성이 있다고 보았는데 정확한 판단이었다. 그는 독일의 히틀러와 이태리의 무솔리니의 부상이 국제적인 위협으로 대두될 것으로 예상하였으며, 이에 대비하기 위해 발칸 국가들과 발칸 협약(Balkan Entente)을 맺는 등 국제적인 협조망을 구축하였다. 소련과의 관계에서는 독립 단계에서 많은 협조를 받았고 스탈린에 대하여 높이 평가하기도 했지만 볼셰비키 정권이 유럽 및 아시아의 위협 요인이 될 것으로 보아 점차 거리를 두었다. 나아가 2차 대전에는 중립 입장을 견지하여 1차 대전에서와 같은 국가적 비극에 직면하지 않도록 조치하였다.

중동 국가들은 이슬람이 국교로서 정치와 종교가 연계되어 있어 정치·사회구조가 지금도 매우 경직적이다. 중동 국가의 정치는 독재 및 왕권 국가에서 벗어나고 있지 못하고 여성의 인권유린은 여전히 자행되고 있다. 그나마 민주주의를 경험한 나라는 이란과 튀르키예 정도인데 이란은 선거를 통하여 국민의 비판적인 여론이 표출되기는 하지만 지난 40여 년간 신정체제로 종교가 사회 전체를 압도하고 있다. 튀르키예 역시 이슬람의 세력과 함께 권위주의적 정치가 확대되고 있고 언론에 대한 통제도 행해지고 있지만 중동에서 이슬람을 믿는 국가 가운데 유일하게 공화제 국가이다. 이러한 탄력적인 정치체제가 갖추어진 것은 무려 100여 년 전의 일로, 아타튀르크가 개혁을 통해 종교가 정치를 지배하지 못하도록 하는 정치구도를 만들었기 때문이다.

아울러 튀르키예에서는 여성의 평등과 사회참여를 제도화하여 법적으로 여성의 투표권 행사와 사회진출에 제약이 없다. 남성 중심의 사회적 관습이 남아 있고, 최근 들어 튀르키예의 이슬람화가 점진적으로 이루어지고 있지만 다른 중동 국가와는 제도적으로 완전히 다른 모습이다. 이와 같이 아타튀르크는 오스만 제국의 종교적인 사회를 튀르키예 공화국의 세속적인 국가구조로 완전히 개조하였으며, 그가 시행한 국가 개혁은 100년이 지난 현시점에도 작동하고 있다. 이러한 점에서 아타튀르크는 창의적이고 진취적인 구상을 현실화하고, 사회의 구도 자체를 변화시킨 통찰력 있는 지도자라고 평가된다.

튀르키예는 발칸전쟁·1차 대전·독립전쟁 등 1911부터 1923년까지 이어진 12년간의 오랜 전쟁으로 국력이 약화되었다. 전쟁 수행 능력은 그리스 등 상대 국가에 비하여 절대적으로 열세였다. 무스타파 케말은 이러한 열세를 상대국의 상호 갈등을 이용하여 극복하였다. 독립 이후에는 국내 안정을 위하여 적대관계이던 주변 국가들과 협력관계를 이끌어 내고, 제2차 대전에서는 중립을 유지하여 더 이상 국제분쟁에 나라가 관여되지 않도록 하였다. 그가 이러한 성과를 거둘 수 있었던 것은 젊은 시절부터 시리아·리비아·불가리아 등 해외 경험으로 국가 간 경쟁 및 국제적 흐름을 파악하여 활용하였기 때문이다. 또한 독립전쟁 시 서로 총칼을 겨누었던 적대국과도 적극 화해를 추진한 것은 안보를 확보하기 위한 튀르키예의 포석이었다.

아타튀르크는 공화제를 도입하고 개혁 정책을 통해 국가를 개조하고자 한 전략가였다. 또한 오스만 제국의 문제를 정확히 파악하고 국내적 상황과 국제적 흐름을 인식하면서 국가적 과제를 해결한 실천적 지도자였다. 중동의 거의 모든 지역에서 20세기 이후 지금까지도 종교적인 경직성과 사회적인 불안이 가시지 않고 있다. 튀르키예 역시 쿠데타 등 사회 불안이 있었고 권위주의적 통치 경향을 보이고 있지만 민주주의와 시장경제체제를 유지해 오면서 비교적 유연하고 발전적인 면모를 보여 왔다. 이는 100여 년 전, 긴 안목으로 국가를 설계한 무스타파 케말의 통찰력과 현실적인 개혁이 있었기에 가능했다는 것을 이해하게 된다.

탁심 광장의 모스크

오스만 제국의 영광과 쇠락, 튀르키예 공화국의 자화상

05 아타튀르크의 세속주의에서 에르도안의 이슬람으로 가는 여정

튀르키예 공화국이 출범한 1923년 이후 1950년까지 아타튀르크 당인 공화인민당(CHP)의 독주가 이어졌는데, 이에 대하여 정치적 민주주의를 갈구하는 지식인들의 불만이 표출되기 시작하였다. 2대 이뇌뉘 대통령은 이러한 불만을 해소하기 위하여 1946년 다당제 선거를 도입하였다. 민주화 분위기에 따라 1946년 민주당(DP)이 창당되고 총선이 실시되어 처음으로 야당이 465석 가운데 65석을 차지하였다. 이후 민주화가 계속 진행되고 이슬람 세력에 대한 국민적 지지가 조금씩 증가하기 시작하였다. 그 결과 불과 4년 후 실시된 1950년 총선에서 야당인 민주당이 396석을 차지하고 여당이었던 공화인민당은 68석을 차지하여 여야가 완전히 바뀌었다. 이후 공화인민당은 지금까지 단독으로 정부를 구성하는 데 실패하였다.

1950년 당시 여야 간에는 정부 및 공공 부문에 종교의 관여를 엄격하게 제한하여야 한다는 공화인민당의 입장(hard secularism)과 세속주의를 인정하더라도 어느 정도의 이슬람 신앙을 허용하자는 민주당의 주장(soft secularism)이 첨예하게 대립하였다. 국민들은 아타튀르크를 존경하지만 생활에 스며 있는 이슬람에 대하여 정부가 강하게 억제하는 것에 반감을 가지면서 이슬람 종교를 보다 관용적으로 허용하자는 분위기로 점차 흘러갔다.

이후 민주당은 2차례의 선거에서 과반수 이상 의석을 확보하여 집권하였지만, 국가 경제가 어려워지는 가운데 정치에서 이슬람 종교 성향이 강화되다 보니 지식인과 군부의 반감이 증가되고 사회는 불안해졌다. 이러한 상황에서 1960년 군부 쿠데타가 발생하여 10년 동안 집권해 온 민주당은 강제적으로 해체되었고, 총리와 외무·재무장관이 교수형에 처해졌다. 이후 1961년 선거에서 어느 당도 단독정부를 구성하지 못하고 연합정부가 구성되어 1965년까지 운영되었지만 사회 불안은 지속되었다. 1965년 선거에서 아타튀르크의 공화인민당은 또다시 패배하고 새로이 창당된 정의당(Justice Party)이 승리하였다. 정의당은 1969년에도 승리하였지만 사회적으로 점차 좌우익 간 갈등이 증가하는 가운데 다시 1971년 군부 쿠데타가 발생하였다.

이후 군부가 구성한 내각의 잠정적인 통치 이후 1973년 총선에서 공화인민당이 23년 만에 승리하였지만 과반수 의석을 확보하지 못하여 에르바칸이 창당한 국민구국당과 연합정부를 구성하였다. 공화인민당은 2년의 단기 집권에 그치고 1975년 이후 야당 세력이었던 데미렐 총리가 1980년까지 에르바칸과 협력하여 정권을 운영하였다. 1970년대 역시 높은 인플레이션, 시위 및 파업, 공장 폐쇄 등 경제적 불안과 정치적 무질서가 계속되어 1980년 또다시 군사 쿠데타가 발생하였다. 군부의 잠정적인 통치 이후 1983년 시행된 총선에서 외잘이 이끄는 중도 우익 성향의 조국당이 압승하였으며 그는 1987년 선거에서도 승리하였다.

튀르키예의 정치 상황은 1990년대 들어 더욱 혼란스러워졌다. 1991년 총선 이후 2002년 에르도안이 주도하는 정의개발당이 단독으로 집권하기까지 11년 동안 정권이 8번 바뀌었는데, 단독정부 대신 연합 또는 소수 내각이 구성되었다가 해산되는 혼란의 연속이었다. 특히 1990년대 후반에는 연합정당 간의 내분이 일어나고 이슬람 정당을 표방한 복지당의 에르바칸 당수와 이슬람 우익에 반대하는 군부의 대립 등으로 국내 상황은 악화되어 갔다. 국가 경제도 곤두박질치면서, 2001년에는 금융위기를 맞아 1달러가 150만 리라에 이를 정도로 경제는 악화되었다.

1950년부터 2002년까지 튀르키예는 혼란 속의 정치와 이에 따른 경제적 악화, 부정부패의 만연, 군부의 정치 개입이 전형적으로 나타나는 가운데 이슬람계 정당 세력에 대한 지지가 조금씩 증가하던 상황이었다. 혼란과 무능, 부패 등의 정치가 지속되다 보니 국민들은 기존 정치에 물들지 않은 지도자, 경제부흥과 부정부패 근절을 가져올 수 있는 강력한 지도자를 요구하고 있었다.

아타튀르크가 정치에서 배제하고자 했던 이슬람이 점차 세력을 얻게 된 것은 좌익 세력에 대한 군부의 반감에 기인하였다. 정치 세력이 강한 이슬람 성향을 보이거나 정세가 불안해지면 수시로 군부의 개입이 이루어졌다. 군대가 개입하는 명분은 정치와 종교의 분리, 즉 세속적인 정치를 주창한 아타튀르크의 방침을 수호한 다는 것이었다. 군부는 1960년, 1971년, 1980년 쿠데타를 통해 선거로 구성된 정부를 무너트렸는데 그 구실로 세속주의의 이탈과 사회적 혼란을 내세웠다. 하지만 좌익 세력도 증가하고 있어 군 수뇌부는 좌익을 우선 견제하기 위하여 이슬람 종교 세력을 일부 용인하였다. 군부는 이슬람 종교가 좌파 이데올로기 등장을 제어하는 점도 인정하여 조금씩 이슬람 활동을 허가하였다. 이러한 움직임에 편승하여 이슬람 정당이 점차 세력을 확대하면서 마침내 에르도안의 정의개발당은 정권을 장악할 수 있었으며, 그는 집권한 이후 강력한 군부 세력을 점차적으로 척결하였다. 에르도안이 집권한 이후의 동향을 살펴보면 세속주의(soft secularism)에서 시작하여 저변의 국민적 지지를 얻은 이후, 군부 세력을 밀어내면서 점차 정치와 종교를 연계시키는 보수적인 이슬람(Conservative Islam)으로 변환하고 있음을 알 수 있다.

오스만 제국의 영광과 쇠락, 튀르키예 공화국의 자화상

에르도안 대통령

06

오스만 제국의 영화를 꿈꾸는 에르도안의 등장

에르도안은 이스탄불의 노동자들이 북적이는 거리인 카심파샤 (Kasimpasa)에서 1954년에 태어났다. 지금도 그 거리에 가 보면 허 접한 일상용품을 팔고 사는 사람들로 붐빈다. 카심파샤 지역은 선원들이 붐비던 투박한 곳으로 엘리트에 대한 반감이 스며 있으 면서 부유함이나 선진적인 모습과는 거리가 멀다. 이슬람을 충실 하게 믿는 가난한 계층의 가정에서 자란 에르도안에게 세속적인 교육 제도는 다가가기 어려운 장벽이기도 했다.

그는 어릴 때 축구를 좋아했고 이슬람 신학교에서 공부하면서 이슬람에 대한 애정이 남달리 깊었다. 당시 고등 과정의 신학교를 마치고 대학으로 진학하려면 규정상 일반대학으로 입학할 수 없 고 신학대학으로만 가능했다. 그가 신학고등학교의 교육 과정을 계속 밟게 되면 일반대학이나 사회로 진출하는 데 어려움이 있었 다. 그는 정치에 꿈을 가졌기에 정치학을 공부하고자 하였고, 이를 위하여 신학고등학교의 마지막 1년을 일반고등학교로 옮겨 마쳤다. 이런 과정을 거치면서 에르도안은 세속적 교육과정에 대하여 회의를 가지게 되었고, 정권을 잡은 이후 지금까지도 일반 교육 과정에 이슬람 교육이 많이 가미되도록 교육 과정을 바꾸고 있다.

에르도안은 어린 나이에 정치에 입문하였다. 15세에 당시 이슬람 정당인 국가구국당(National Salvation Party)에 가입하였는데 이 정당의 당수인 에르바칸(Erbakan)은 튀르키예 정치에서 이슬람을 주창하는 대표적인 종교적 정치인이었다. 이슬람의 정치 관여에 대하여 강한 거부감을 나타내었던 군부의 위세가 높았던 시기에도 에르바칸은 이슬람을 강하게 표방하였다. 에르바칸은 잠시나마 부총리 및 총리를 역임하면서 이슬람 교육 및 이슬람 국가와의 교류 확대 등의 조치를 취하였으며 이러한 그의 독특성은 기존의 다른 정치인과 차별화되었다. 그는 국가구국당이 군부에 의하여 해산되자, 다시 이슬람 정당인 복지당(Welfare Party)을 창당하기도 하였다.

에르바칸은 이슬람에서 발명된 지식을 서양이 도용하고 있다고 비판하면서 19세기 말 오스만 제국이 힘을 잃어 가던 시절 이슬람을 지키려 했던 압둘하미드 2세를 서구와 결탁된 엘리트 청년 장교단으로 구성된 연합진보위원회(CUP: Committee of Union and Progress)가 폐위했다고 비판했다. 그는 유럽경제공동체(EEC)와의 협력

관계를 단절하고 파키스탄·방글라데시 등 이슬람 국가와의 연대 강화를 주창하였으며, 소련의 침공에 대항한 아프간의 무자헤딘 전사와 이란의 호메이니 정권을 적극 지지하던 인물이었다. 에르도안은 정치적 성장 과정에서 친이슬람 성향의 에르바칸으로부터 많은 영향을 받았다.

에르도안이 영향을 받은 다른 인물은 시인이자 사상가인 키사큐렉(Necip Fazil Kisakurek)이다. 키사큐렉은 적극적인 반유대 입장을 내세우면서 서구화를 추구하는 케말리즘을 반대하고 이슬람 혁명을 주창하였다. 그는 아타튀르크와 국정운영의 방향은 달리하지만, 강력한 대통령 제도를 통하여 아래로부터가 아니라 위로부터 사회구조를 변혁시켜야 한다는 점에서는 아타튀르크와 입장을 같이하고 있다. 그는 튀르키예 정치에서 명멸한 여러 정당 가운데 민주당·정의당·국가구국당·민족주의행동당 등 이슬람을 지지하는 정당을 일관성 있게 지지하였다.

에르도안은 에르바칸이나 키사큐렉의 이슬람 혁명, 반유대인 및 반서구주의에 영향을 받고 동조하는 입장이었다. 하지만 이슬람만을 주창하는 것으로는 국민의 지지를 얻는 데 한계를 파악한 현실적인 정치인이기도 했다. 에르바칸과 달리 서구와의 관계도 이어 가면서 이슬람의 비중을 조금씩 증가시켜 나갔다. 그는 선거를 통하여 군부 등의 입장을 점차 약화시켜 나갔지만, 아타튀르크나 키사큐렉이 주창한 바와 같이 소수 국가 지도층이 이끌어 가는 상의하달의 정치체제를 수용하였다. 에르도안은 키사큐렉이 주장한 대통령 제도를 통하여 국가를 운영한다는 입장도 2018년부터 채택하여 실행하고 있다. 그는 이슬람 정신 지도자뿐만 아니라 반이슬람 성향의 아타튀르크가 주창한 바를 동시에 수용하면서 자신의 권한을 강화해 나가는 실용주의적 정치인이다.

에르도안은 국민들의 요구에 부응하는 현실적인 접근을 취하여 1994년에 이스탄불 시장에 당선되었으며, 권력 장악에 자신감을 얻은 이후 보다 적극적으로 이슬람에 호의적인 정책을 추진해 나갔다. 그가 채택한 주류 금지, 여성의 스카프 착용 허가, 이슬람 공휴일에 공공차량 무료 승차 등의 정책은 아타튀르크가 추진한 세속적인 방침과 배치되는 방향이었다. 그의 정치 역정에서 이슬람 종교는 중요한 역할을 해 왔다. 사법부가 이슬람 정당인 복지당(Welfare Party)을 폐쇄한 데 대하여 공공연설에서 강하게 비판하여, 공공의 적개심을 불러일으켰다는 죄목으로 10개월간 투옥되었다. 그러나 교도소에서의 정치적 투쟁이 오히려 이슬람 지지자들의 단결을 가져와 중앙 권력을 향한 진출 가능성을 열어 주었다. 그는 튀르키예에서 가장 중요한 지역인 이스탄불의 시장 역할을 성공적으로 수행하였으며, 이를 발판으로 중앙 정권을 획득하기 위하여 정의개발당을 창당했다.

에르도안은 지난 20여 년간의 국가 발전과 국민적 지지에 자신감을 얻어 오스만 제국의 영화를 재현하고자 한다. 그는 의전 행사에 투르크 민족의 의상을 한 의장대가 사열하도록 하고, 오스만 제국 양식의 대통령궁 건설과 이슬람 교육의 확대 등 제국의 꿈을 현실화하고자 한다. 시진핑 주석이 집권 후 중국 주도의 세계 질서인 중국몽을 내세웠던 것처럼, 에르도안은 16세기 슐레이만 대제가 발칸반도·북부 아프리카·이란 북부 등 유럽·아시아 지역을 아울렀던 오스만 제국의 재현이라는 꿈을 품고 있음에 틀림없다.

튀르키예 이슬람의 상징, 보스포루스 대교 너머 멀리 보이는 잠르자 사원

07

에르도안의 집권과
권력의 강화

제국의 꿈을 재현하는 길은 험하기만 하다. 튀르키예는 2001년 금융위기를 겪는 등 새로운 지도자에 대한 열망으로 사회적 분위기가 무르익고 있었다. 이런 가운데 등장한 에르도안은 귈(에르도안 총리 시절 의전적인 대통령직 역임), 아른츠(국회의장직 역임) 등과 함께 정의개발당을 창당하여 2002년 선거에서 단독정부를 구성하였다. 34% 득표에 불과하였으나 과반 이상의 의석을 확보할 수 있었던 것은 10% 이상 득표하지 못한 정당의 표는 사표가 되는 규정 때문이었다. 그는 의회를 통하여 권력을 손에 쥐었지만 실질적으로 권력을 행사하기 위해서는 군부의 영향력 배제가 필수적임을 인식하였다. 아타튀르크 사후 실질적 권력을 쥐고 있었던 군부는 종종 아타튀르크의 유훈을 실행한다는 명문과 함께 법률에 규정된 세속주의 정치를 위배하였다는 구실로 50여 년간 여러 정당들을 해산하였다. 에르도안은 군부를 통제하지 않으면 정의개발당역시 해체될 수 있다는 점을 잘 인식하고 있었다.

에르도안은 선거를 통해 국민적인 지지를 얻는 동시에 외부 세력을 활용하여 군의 영향력을 점진적으로 배제하여 나갔다. 튀르키예는 1999년부터 유럽연합에 가입 신청을 하였기에 유럽연합의 규정에 부합하기 위해서는 사회구조의 개선이 필요하였다. 유럽연합은 개인의 인권 보호 및 종교적 자유, 표현의 자유 등을 중요시하는데 에르도안은 이를 적극 활용하였다. 유럽의 규정에 부합하기 위하여 개인의 인권과 종교적 자유를 인정해야 한다고 주장하면서 이슬람 종교의 사회적 용인을 확대해 나갔으며 유럽은 이러한 튀르키예의 민주화 노력을 지지하였기에 이는 군부에도 압력이 되었다.

다른 요인은 쿠르드 문제였다. 군부는 쿠르드의 자치 또는 독립은 전혀 인정할 수 없어 강력한 조치를 취하고 있었다. 특히 1978년 외잘란이 조직한 쿠르드 노동자단(PKK)이 점차 동남부 지역에서 세력을 확장해 나가는 가운데 테러 시도를 하였기에 쿠르드에 대한 군부의 입장은 강경하였다. 군부로서 가장 중요한 사안은 쿠르드 세력을 약화시키는 것이었기에 이슬람 세력의 확장에 대해서는 부분적으로 유화적인 입장을 보였다. 이러한 측면에서 군부는 에르도안의 친이슬람 정책에 대하여 강하게 반대하기보다 유연하게 대처하고 있었다.

에르도안은 선거에서의 승리, 쿠르드 문제, 유럽연합의 가입 시도 등 여러 요인을 활용하면서 또한 2000년대에 군부의 쿠데타 시도 음모, 부정부패 등을 이유로 군부의 주요 인사들을 제거해 나갔으며 마침내 군부의 수장인 군총참모장의 권한을 대폭 줄이는 데 성공하였다. 돌이켜보면 이러한 과정이 에르도안의 장기 집권 기반이 되었으나, 당시 외부에서는 군부의 정치적 관여를 배제하기 위한 에르도안의 노력으로 평가하면서, 튀르키예가 국론을 통합하는 가운데 민주적이고 다원적인 국가로 변모하고 있으며 중동의 새로운 이슬람 모범국가로 부상하고 있다고 보았다.

에르도안이 장기 집권을 할 수 있던 배경에는 무엇보다 지속적인 경제성장이 커다란 역할을 하였다. 2001년 금융위기 이후 에르도안이 집권했던 2003년 당시 인플레이션은 50% 이상을 기록하였고, 여섯 자릿수의 화폐단위로 돈은 휴지와 같았으며, 경제는 지속적으로 하락하는 등 한마디로 경제위기가 만연한 상황이었다. 그러나 그의 집권 이후 수년간 5-6% 경제성장을 지속하고, 인플레이션을 한 자릿수로 낮추었으며, 화폐개혁을 통하여 통화 안정을 이루었다. 무료 의료서비스와 나은 교육 기회를 제공하는 복지 시스템을 마련하여 평균 수명이 증가하고(2000년 70세 → 2014년 75.3세), 영아 사망률이 급락하는 등(2000년 33.7명 → 2013년 16.5명) 경제의 활력이 생기면서 대외 투자가 급증하는 성과를 거두었다. 이러한 결과 튀르키예는 2017년 17대 경제 강국이 되었으며, G20 및 OECD 등의 회원국으로 국제무대에서도 무시할 수 없는 국가가 되었다.

에르도안은 보수 이슬람 지지층을 기반으로 하였지만 진보적인 성향도 나타내 개혁적인 세력으로부터도 지지를 이끌어 내었다. EU와 연대를 해 나가는 가운데 유능한 관료를 끌어들이기도 했다. 이슬람 세력의 지지는 공고하였지만 일부에서는 에르도안의 시장 개혁과 EU 가입 의도에 대하여 의혹의 시각을 가지고 있어 전문적인 관료들의 충원에 한계가 있었다. 에르도안은 이를 타개하기 위하여 귤렌파에 의존하여 교육을 받은 창의적인 인재를 사법부·경찰·군부 등 핵심 권력 기관에 수혈하기 시작하였다. 새로운 세력은 사법적 권한을 행사하여 뿌리 깊은 군부 세력을 점차적으로 척결하였다. 이는 에르도안에게 도움이 되기도 했지만 한편으로 귤렌 세력이 점차 강한 권력층을 구축함으로서 에르도안 세력에 위협이 되었다. 이를 타개하기 위하여 귤렌 세력을 배제하려는 시도가 이루어지고 에르도안 정부와 귤렌 측 간의 대결이 3여 년 계속되었으며 양측의 분열은 2016년 7월의 쿠데타 시도가 분기점이 되었다.

튀르키예는 여러 차례 군사 쿠데타를 경험하였지만 2016년 군사 쿠데타는 기존의 쿠데타와는 완연히 다른 성격을 나타냈으며, 현재의 튀르키예 정치에 미치는 영향은 광범위하였다. 1960년, 1971년, 1980년 쿠데타의 경우 군부가 실제 권력을 가지고 있는 가운데 세속화 규정을 인용하여 정치 세력의 이슬람화를 막을 목적으로 이루어졌다. 이에 따라 군부의 일방적인 조치로 인해 선거로 구성된 정부가 하루아침에 무너져 내렸기에 무력충돌은 일어나지 않았다. 반면 2016년의 쿠데타 때는 무력충돌이 발생하였다. 튀르키예 정부는 귈렌파와 연계된 쿠데타군이 군 시설 이외에도 국회, 경찰청 등을 공격하여 많은 사상자가 발생하였다고 발표하였다. 이는 쿠데타군에 의하여 발생한 유혈충돌로서, 1402년 티무르 군대가 앙카라에서 오스만 제국을 무력으로 공격한 이후 처음 생긴 일이었다. 이 쿠데타는 튀르키예의 민주화에 커다란 타격을 주었다. 쿠데타 연루 세력뿐만 아니라 정권 반대 세력에 대한 강력한 숙청 조치가 광범위하게 이루어지면서 에르도안의 권력은 더욱 공고화되었지만 점차 국민의 양분화 현상도 두드러지게 되었다.

08 21세기 술탄으로 가는 험난한 길

에르도안의 변화는 2010년을 전후하여 국내 정치 및 대외 정책에서 서서히 표면에 떠오르기 시작하였다. 2000년대 10여 년간 에르도안에 대한 국민적 지지가 높았으며, 그 결과는 2007년 및 2011년 총선에서 정의개발당의 단독 집권으로 나타났다. 그러나 2010년 이후 국내적으로 민주화운동이 일어나기 시작하고 이러한 움직임이 점차 확산되었다. 반정부 민주화 분위기가 결집되어 2013년 이스탄불의 중심지인 탁심 광장의 게지 공원에서 발생한 데모는 매우 격렬했다.

게지 공원 데모는 튀르키예 국내 정치의 분기점이 되었다. 정부는 이를 강경하게 진압하였으며, 2014년 총리직을 내놓고 대통령에 취임한 에르도안의 국정 기조가 강경한 방향으로 변화하였다. 또한 이 시점을 전후하여 에르도안은 그동안 군부를 축출하는 데 공조하였던 이슬람 지도자 및 귤렌의 세력과도 거리를 두기 시작하였다. 그는 자신에 대한 지지가 점차 약화되자, 그동안 경원시했던 아타튀르크 민족주의자들의 지지를 확보하기 위하여 아타튀르크에 대한 애정을 표시하기도 했고, 쿠르드와 협상을 시도하기도 하였다.

국내 정치의 변화 과정을 살펴보면, 에르도안이 창설한 정의개발당은 2002년 선거로 단독 집권한 이후 2007년, 2011년 총선에서도 승리하여 단독정부를 구성하였다. 또한 2014년에는 에르도안이 50% 이상의 지지를 얻어 최초로 직선제 대통령에 당선되었다. 그러나 이후 그에 대한 국민적 지지는 점차 하락하기 시작하여 2015년 6월 총선에서는 집권당인 정의개발당이 단독정부를 구성하는 데 실패하였다. 반면 이 선거에서 쿠르드 정당이 처음으로 원내에 진입하여 정의개발당을 견제할 수 있는 세력으로 자리 잡아 정치구조가 크게 변화하였다.

이후 2015년 7월부터 튀르키예에 내 테러가 발생하기 시작하여 사회 안정이 무너지고 이에 위협을 느낀 국민들은 2015년 11월 조기 총선에서 다시 정의개발당이 단독 집권할 수 있도록 지지하였다. 그러나 좀처럼 사회 안정을 찾지 못하고 1년 반 이상 장기간에 걸쳐 테러가 수십 차례 발생하면서 집권당에 대한 지지는 점차 하락해 갔다. 이에 대응하여 정의개발당은 쿠르드와의 협상을 반대하는 극우 성향의 민족주의행동당과 연대하여 국정을 운영하는 단계로 진입하였으며, 이로써 그동안 쿠르드 문제에 유연하게 대응했던 입장이 퇴색되었다.

이러한 상황에서 2016년 7월 쿠데타가 발생하자 에르도안 대통령은 이를 제압한 이후 대대적인 숙청을 통하여 반대 세력을 제거하면서 권력을 더욱 강하게 장악하였다. 이어 2017년 4월 국민투표를 통하여 1923년부터 이어 왔던 내각제를 폐지하고 대통령제로 전환하면서 대통령의 권한을 강화하였다. 새로운 헌법에 따라 2018년 조기 대선과 총선을 동시에 실시하여 다시금 국민의 지지를 확보하였지만 이후 한계가 드러나기 시작했다. 정의개발당을 같이 창당한 귈 전 대통령, 아른츠 전 국회의장 등이 정계를 떠나고 다붓도울루 전 총리, 바바잔 전 부총리 등 튀르키예의 경제성장을 이끌면서 새로운 외교 노선을 추구했던 명망 있는 인사들이 정당을 창설하여 반대 입장에 서고 있다.

에르도안은 그동안 선거를 통하여 국민의 지지를 확보하면서 자신의 집권 정당성을 주창하고 반대 세력에 대하여 강력한 제재 조치를 취하여 왔다. 그는 2002년 이후 13차례나 대선, 총선, 지방선거를 치르면서 단독 집권을 해 왔으나 2015년 6월 총선 이후부터 흔들리기 시작하였다. 2019년 3월 지방선거에서 승리하기는 하였지만 이는 집권당에 울리는 경종이었다. 이스탄불·앙카라·이즈미르·부르사·안탈리아 5개 대도시 시장 가운데 부르사를 제외하고는 4대 도시의 시장을 야당에 빼앗겼다. 전통적인 야당 도시인 이즈미르와 안탈리아는 차치하고라도, 가장 큰 도시인 이스탄불과 수도인 앙카라 시장 선거에서도 야당이 승리하였다.

2013년 게지 공원 데모 이후 실시된 선거 또는 국민투표 현황을 살펴보면, 2014년 대통령 선거, 2015년 총선거 2차례(6월, 11월), 2017년 대통령제 국민투표, 2018년 대선 및 총선 동시 선거, 2019년 지방선거 등 거의 매년 선거 또는 국민투표가 실시되었다. 에르도안은 선거를 통하여 정치구조를 대통령제로 전환하고 자신의 권력을 강화하였지만 그에 대한 국민적 지지가 점차 약화되어 가면서 2023년 대선의 결과가 어떻게 나올지 가장 큰 세간의 관심이 되고 있다.

오스만 제국의 영광과 쇠락, 튀르키예 공화국의 자화상

안탈리아 풍경

09

튀르키예의 역동적인
경제와 명암

튀르키예 경제의 굴곡을 피부로 느끼는 것은 달러를 튀르키예 리라로 바꿀 때이다. 1998년 5월 처음 튀르키예를 여행하였을 때 공항에서 500달러를 바꾸었더니 1억 2,800만 리라를 주어 억만장자가 된 듯한 기분이었다. 1달러에 25.6만 리라였을 정도로 경제가 혼돈스러웠다. 그러나 2014년 12월에 다시 가 보니 1달러에 2.3리라 정도로 안정적이었고, 거의 커다란 변화가 없다가 3년 후인 2017년 12월 떠날 즈음에 다시 요동치기 시작하여 1달러에 3.5리라로 리라화가 약화되었다. 이후 2021년 11월에는 9.6리라, 2022년 5월 15.9리라로 튀르키예 통화 가치가 지난 8년간 일곱 배 가까이 하락하면서 인플레이션 현상이 나타나고 있으며 서민 경제가 어려워지고 있다.

튀르키예는 2000년 전후 극심한 경제위기를 겪었지만 에르도안의 집권 기간 중 비약적인 발전을 이루었다. 2003년 이후 경제적 역동성이 수치로 나타나고 있는데, 이것이 그가 장기간 집권할 수 있게 된 배경이다. 몇 가지 수치를 살펴보면 우선 2003-2017년 평균 경제성장률이 5.7%로 GDP가 2002년 2,360억 달러에서 2017년 8,510억 달러로 크게 성장하였으며 개인당 GDP가 3,581달러에서 10,597달러로 3배 이상 증가하였다. 튀르키예는 수십 년간 극심한 인플레이션을 겪었다. 1988-2002년 평균 인플레가 71%였는데 2003-2018년 동안에는 9.6%로 급락하여 사회적 안정을 이루었다. 이에 힘입어 외국인 직접투자가 1973-2002년에 150억 달러에 불과하였으나 2003-2017년에는 1,930억 달러로 증가하고 외국 기업의 튀르키예 진출도 급상승하여 2002년에 5,600개 회사에 불과하던 것이 2017년에는 10배 이상이 되는 58,400개 기업에 이르렀다. 이외에도 평균 31세인 8,300만여 명의 인구구조, 상승 추세의 연구개발비용, 유럽연합과의 관세동맹 및 다수 국가와의 무역자유협정 체결 등 경제여건이 활성화되어 왔다.

에르도안 대통령의 성공은 괄목할 만한 경제적 성장이 일정 계층에 편중되지 않고 그 경제적 과실을 일반 국민이 느낄 수 있도록 한 경제 정책의 결과이기도 하다. 의료 및 교육에 대한 대규모 투자로 일반 복지가 증가하고, 도로 건설 등 인프라 구축을 통하여 교통의 편리를 도모하면서도 고용 증진을 이루는 성과가 있었다. 이러한 성과를 바탕으로 여러 차례 실시된 선거에서 국민들은 집권당인 정의개발당에 과반수 이상의 지지를 보내 단독 집권하도록 지원하였다. 세계 경제순위에서도 17위를 차지하고 G20 회원국이 되어 국제 경제적 위상도 크게 올라가 국민들의 자신감도 상승하였다. 1998년 방문했을 때의 튀르키예는 늘그막에 접어든 늙은 호랑이의 모습이었다면 2015년에 본 튀르키예는 우렁차게 울부짖는 사자의 모습과 같았다. 전국 어디를 가더라도 곳곳에 건설이 진행되고 있었고 사람들의 모습도 밝아 역동적임을 느낄 수 있었다.

그러나 현재의 튀르키예 경제는 쉽지 않은 상황이다. 환율이 급등하고, 물가가 상승하며, 국제신인도가 하락하여 외부 투자가 정체되어 있는 실정이다. 주춤대는 정책으로 경제성장률이 떨어지고 실업률이 증가하면서 경제 전반적으로 활기를 잃어 가고 있다. 이에 더하여 2015년 하반기 이후 테러·전쟁·쿠데타 등 국내외 정치 불안은 경제에 부정적인 영향을 미쳐 경제 불황의 조짐이 나타나기 시작했다. 이 결과 2018-2019년 경제성장이 부진하였다. OECD 등 국제경제기구는 2020년 튀르키예의 경제회복을 예측하였으나, 2019년 이후 발생한 신종 코로나 바이러스로 주요 수입원인 관광에 타격을 받아 경제회복 속도가 늦어질 전망이다.

튀르키예가 다시 한번 성장하기 위해서는 개혁이 필요하다. 장기간의 성장에도 불구하고 국제적 경쟁에서 튀르키예가 우위에 있는 기업은 튀르키예 항공에 불과하다. 현 시점에서 튀르키예에 필요한 것은 높은 수준의 교육, 연구개발의 확대, 진취적인 기업가

오스만 제국의 영광과 쇠락, 튀르키예 공화국의 자화상

정신을 통하여 기술력을 올리는 것이다. 기술력 향상을 통하여 자신만의 브랜드를 창출해야 하고 그렇게 하기 위하여 경제적 개혁이 필요하나 전략적인 한계 등으로 실행에 미진한 점이 나타나고 있다.

이러한 경제적 어려움에도 불구하고 튀르키예의 지경학적 위치, 8,300만여 명의 젊은 인구 등을 감안할 때 그 잠재력이 높다고 평가되며, 최근 수년간의 불안한 정치 경제적 요인에도 불구하고 유럽 기업의 대다수가 잔류하고 있는 것이 그 증거이기도 하다. 향후 정치적 안정과 경제 정책의 성공이 결합될 경우, 튀르키예는 다시 한번 도약을 할 가능성이 있다고 본다.

이스탄불 풍경: 마이덴 타워 ⓒ Murat Guelyaz

오스만 제국의 영광과 쇠락, 튀르키예 공화국의 자화상

10

새로운 외교 전략:
전략적 깊이(Strategic Depth)

에르도안 정부의 대외 정책의 근간은 '전략적 깊이(Strategic Depth)' 또는 '모든 주변국과의 우호적인 관계(Zero Problems with Neighbors)'라고 불린다. '전략적 깊이'의 의미가 생소한데 이는 군사 용어로서 사전적 개념으로 본다면 '최전선, 전투 지역, 산업 핵심 지역, 자본 도시, 심장부, 주요 인구 또는 군사 생산 센터 등 주요 시설의 서로 간 거리'라고 정의하고 있다. 튀르키예로 본다면 주변국, 특히 중동·이란 등과의 관계가 중요하다는 의미이다.

이는 냉전체제하에서 서방 국가의 외교를 따라가는 정책에서 탈피하여 튀르키예 중심의 근린 외교를 표방한다는 점에서 기존의 정책과 대비된다. 1923년 독립 이후 튀르키예의 외교는 내부 지향적이었다. 아타튀르크의 '국내의 평화가 세계의 평화(Peace at Home, Peace in the World)'라는 정책에 따라 외부의 분쟁이나 문제에 관여하지 않았다. 그렇다고 하여 외부 세력과 관계를 완전히 단절한 것은 아니었다. 독립 직후에는 소련에 의존하였고, 냉전 시기에는 소련의 침략을 두려워하여 미국을 중심으로 하는 NATO에 의존하는 외교가 근간이었다. 1923년 독립 이후 2009년 에르도안 정부의 새로운 외교 정책 구상 시기까지 거의 90여 년 동안 외부의 문제에 관여한 것은 1950년 한국전 및 1974년 사이프러스 파병 정도에 불과했다.

내부 지향적 외교에 약간의 변화가 있었던 것은 투르구트 외잘 대통령이 집권한 1991년으로, 소련의 붕괴 이후 중앙아시아의 투르크계 공화국과 카프카스 및 발칸 지역 국가의 독립이 이루어지던 때였다. 외잘 대통령은 개방적인 정책을 취하면서 투르크 계통 국가들의 종주국 역할을 추진하였다. 그러나 당시 튀르키예는 새로이 독립한 국가들에 지원할 경제적 여력이 부족한 데 더하여 외잘 대통령이 갑작스럽게 서거하고 에르바칸 복지당 당수가 이슬람 국가와의 협력을 강조하고 나서 국제무대에서 두각을 나타내기에는 역부족이었다.

튀르키예가 중동의 이슬람 민주주의의 표본이고 새로운 경제성장의 모델로 평가받던 시기는 에르도안의 집권기였다. 2007년을 전후하여 각국 지도자들의 튀르키예 방문이 가장 활발하게 이루어졌다. 2006년 교황 베네딕트 16세가 튀르키예의 이슬람 모스크를 방문함으로서 종교간 벽이 낮아졌다. 또한 여러 유럽 각국의 정상들이 튀르키예를 방문하여 에르도안 총리와 국제 정세에 대하여 의견을 나누면서 명실공히 튀르키예는 이슬람-기독교 문명 간의 대화가 가능한 지역이라고 일컬을 만했다.

경제적 성장과 대외적인 관심에 자신감을 가진 에르도안 총리는 튀르키예의 독자적인 외교를 추진하기 위하여 다뷧도울루 교수가 주창한 '전략적 깊이'라고 불리는 정책을 채택하기로 하고 그를 외교 고문에 임명하였다. 다뷧도울루 고문은 기존의 케말리즘이나 일상적인 외교 행사에 함몰되기보다 튀르키예의 중장기적 외교 전략을 구상하였다. 그는 '모든 주변국과 우호적인 관계 유지'를 원칙으로 하는 전략적 깊이 정책을 주창하였다. 이러한 원칙에 따라 그동안 관계가 소원하였던 그리스·러시아·이스라엘·이란 등 국가 지도자와의 교류를 재개하였다.

나아가 주변 국가들의 분쟁을 해결하기 위하여 튀르키예가 중재 역할을 하는 방안도 추진하면서 시리아 아사드 대통령, 팔레스타인 하마스 지도자를 초청하기도 하였다. 또한 57개 이슬람국가기구(OIC), 중앙아시아 10개국 협의체인 경제협력기구(ECO), 흑해협력기구(OBSC) 등에 적극 관여하며, 아프리카·중남미 지역의 공관 개설과 함께 튀르키예 항공의 취항을 적극 추진하였다. 발칸·카프카스와 중앙아시아·중동 등 정치적인 불확실성이 상존하고 있는 지역 중앙에 위치한 튀르키예는 이들 지역 및 국가의 문제를 회피하지 않고 보다 적극적으로 대응하는 방안을 찾고자 하였다. 팔레스타인 민족에 우호적이면서 이스라엘과도 어느 정도 관계를 유지하고, 러시아·이란과도 시리아 문제를 논의하며, 리비아·시리아·이라크 등 혼란스러운 국가의 문제에도 깊숙이 관여하고 있다.

그러나 새로운 외교 정책은 기존의 정책과 병행하거나 조화를 이루어 추진할 때 더 동력을 얻을 수 있다고 평가된다. 튀르키예는 에르도안의 새로운 외교 정책을 추진하면서 기존의 동맹국인 미국과의 관계가 순탄치 않게 되고 유럽연합 가입이 더욱 어려워졌다. 서구 국가와 보조를 같이하기보다는 점차 독자적인 노선으로 나가다 보니 곳곳에서 파열음이 생겼다.

오스만 제국의 영광과 쇠락, 튀르키예 공화국의 자화상

튀르키예와 미국:
흔들리는 동맹

튀르키예와 미국과의 관계는 1800년 미국 구축함의 오스만 제국 방문으로부터 시작되었지만 오스만 제국의 해체 과정에서 미국에 대한 튀르키예인들의 감정은 그다지 좋지 않았다. 윌슨 대통령의 민족자결원칙 선언으로 오스만 제국 내의 여러 민족에게 새로운 희망을 준 것이 오스만 제국으로서는 커다란 부담이었다. 이에 더하여 1차 대전 참전국으로서 패배하자 오스만 제국에 제시된 1920년 세브르 조약은 아르메니아, 쿠르드 등 소수민족의 독립 가능성을 열어 주는 것이었다. 소수민족들에게는 민족자결원칙이 새로운 희망이었지만 오스만 제국으로서는 제국의 해체를 가속화시키는 조치였다. 아타튀르크는 세브르 조약을 부정하였고 소수민족의 독립은 이루어지지 못하였다.

2차 대전 이후 1991년 냉전이 종식되기까지, 그리고 이후 미국 단극 질서하에서 튀르키예의 대미 정책은 NATO 국가의 일원으로서 다른 유럽 국가들과 마찬가지로 미국의 정책을 충실히 이행하는 입장이었다. 이 시기에도 상호 이견을 가져오는 사안은 있었다. 1958년 레바논 위기로 이슬람 및 기독교 세력 간 긴장 상황이 발생했을 때 미국이 튀르키예 남부 인즐릭 NATO 공군기지에서 발진한 병력을 동원하여 친기독교 레바논 정권을 지원한 데 대하여 튀르키예는 반감을 표시했다. 또한 1962년 소련의 쿠바 내 미사일 배치 시도에 대하여 케네디 대통령이 강하게 대응한 것으로 알려졌지만, 미국은 튀르키예에 사전 통보 없이 튀르키예 내에 배치된 쥬피터 핵미사일을 철수하는 것을 소련에 약속하였다. 이에 대하여 튀르키예는 미국이 어느 때건 자국의 이익을 위해 동맹의 가치를 무시할 수 있다는 점을 인식하기 시작했다.

또 다른 사안은 1963-1964년 사이프러스를 둘러싸고 그리스와 튀르키예 간 분쟁이 발생했을 때 존슨 대통령은 튀르키예가 사이프러스에 군사 개입을 하지 말 것을 서한으로 경고하였다. 나아가 1974년에는 사이프러스에서 튀르키예계와 그리스계 국민들의 분쟁에 그리스가 군대를 파견한 데 대하여 튀르키예 군대도 이에 대항하여 북부 사이프러스를 점령한 바 있다. 이에 대하여 1975년 미국 의회는 튀르키예에 대한 군사원조를 중단하는 조치를 취했는데 튀르키예 국민들은 미국에 대한 우호적인 감정이 크게 약화되었다.

이러한 일련의 사건에도 불구하고 1980년대와 1990년대에 걸쳐 미국과 튀르키예 간에는 군사, 경제협력이 광범위하게 진행되었다. 튀르키예는 1991년 미국의 걸프전쟁을 지원하였는데 그 부작용이 컸다. 이라크와의 무역이 급감하여 발생한 경제적인 손실 이외에도 쿠르드 세력이 이라크 북부에서 세력을 확대해 나갈 경우

이 세력이 튀르키예 내 쿠르드와의 공조를 통하여 튀르키예에 미칠 영향을 우려하게 되었다. 그럼에도 1999년 튀르키예의 대지진 당시에는 클린턴 대통령이 지진 현장을 방문하여 튀르키예인들의 가슴을 감동시키기도 했다. 이와 같이 미국과 튀르키예의 협력에는 부침이 있었지만 대체로 에르도안 정부 출범까지 튀르키예는 미국 주도의 국제질서 움직임에 동승하는 분위기였다.

이러한 협력 분위기가 크게 바뀌면서 미국과 튀르키예 관계에 균열이 시작된 것은 2003년이다. 미국은 이라크 후세인 정권을 북부 지역에서 공격하기 위하여 튀르키예 영토 사용이 긴요하여 튀르키예에 협조를 요청하였으나 좌절되었다. 당시 미국은 62,000여 명의 지상군, 255대의 전투기 등을 준비하고 튀르키예 동남부 영토를 통하여 이라크 북부로 진입하고자 준비하였지만, 튀르키예 의회에서 미국의 영토 사용 요청을 부결시켰다. 미국은 1952년 튀르키예의 NATO 가입 후 50여 년간 견고한 맹방으로 튀르키예를 인식하였기에 전혀 예상치 못했던 거부 조치에 당황했다. 더욱이 이 시점이 에르도안 정부 출범 직후여서 미국은 튀르키예와의 관계가 새로운 상황으로 진입할 가능성을 인지하기 시작했다.

튀르키예는 1990-1991년 걸프전 당시 경험에 비추어 이라크 정부가 붕괴될 경우 쿠르드 세력이 강해질 것으로 보았다. 이 경우 이라크 북부가 튀르키예 내 쿠르드 세력(쿠르드 노동자당, PKK)의 거점으로 변모할 가능성을 우려했는데 실제로 그렇게 변하였다.

2003년 미국의 이라크 공격 이후 튀르키예에서는 미국의 영향권에서 벗어나 독자적인 외교를 실시해야 한다는 의견이 제기되기 시작하였으며, 2009년 다붓도울루 교수가 외무장관으로 취임하고 '전략적 깊이(Strategic Depth)' 구상을 표방하면서 현실화되었다. 튀르키예의 독자적인 정책을 견제하기 시작한 미국은 중동 문제 협의 시 튀르키예와 점차 거리를 두기 시작하였다. 이에 따라 튀르키예-미국 관계가 '한 침대에서 자지만 다른 꿈을 꾸는 남녀 관계'에 비교되고 있다.

오바마 대통령은 튀르키예와의 관계를 복원시키기 위한 노력을 기울였다. 2009년 취임 후 첫 해외 일정으로 런던 G20 정상회의와 체코 NATO 정상회의에 참석한 이후 중동의 전통적인 우방국인 이스라엘이나 사우디아라비아가 아닌 튀르키예를 방문하였다. 미국은 2001년 9·11 사태와 2003년 미국의 이라크 공격 이후 서구와 이슬람과의 적대적 관계를 해소하기 위하여 새로운 문명 간 대화를 바라는 입장이었고 그 과정에서 튀르키예가 일정한 역할을 해 주기를 기대하는 바가 있었기 때문이다. 또한 2010년 이후 아랍의 봄이라는 강한 민중 봉기 바람이 불 때 양국 지도자는 중동의 평화 문제를 긴밀히 논의하곤 하였다.

오바마 대통령의 1기 임기 동안에는 미국과 튀르키예와의 관계가 긴밀했지만, 2기에는 긴장관계로 변하였다. 오바마 대통령이 임기를 마친 2017년 초 무렵에는 상호 신뢰가 상당히 상실된 상황으로 변하였으며, 당시 앙카라 주재 미국 대사에 대한 튀르키예 정부의 비판적인 태도를 현장에서도 느낄 수 있었다. 에르도안 대통령은 미국이 시리아 내 쿠르드 민병대(YPG)를 통하여 PKK를 지원하며, 미사일 방어 시스템의 튀르키예 수출을 제한하고 있고, 2016년 7월 쿠데타를 주도한 귈렌을 송환하지 않고 있다고 하면서 미국에 대한 강한 불신감을 여러 차례 표명하였다.

에르도안 대통령은 2017년 취임한 트럼프 대통령이 오바마 대통령과는 달리 튀르키예가 제기하는 문제를 해결하고 튀르키예를 배려하는 정책을 기대했으나 미국이 기존의 입장을 견지하는 데 실망하였다. 트럼프 대통령은 2017년 취임 이후 이슬람 극단세력(IS)을 격퇴하기 위하여 시리아 쿠르드 민병대(YPG)와 협력했던 오바마 전임 대통령의 정책을 이어가겠다는 입장을 표명하였다. 이에 대응하여 튀르키예 군대는 YPG가 세력을 키울 가능성이 있는 지역에 독자적으로 군사작전을 감행하여 장악하였다. 이는 미국이 지원하는 YPG를 제압하겠다는 강한 의지의 표현이기도 했다. 튀르키예가 YPG 격퇴에 우선순위를 두는 것은 YPG가 PKK와 연관되어 있어, 이는 궁극적으로는 PKK의 세력을 강화하게 되며 나아가 튀르키예 내 쿠르드 자치 또는 독립을 요구하는 움직임이 확산될 것을 우려하였기 때문이다. 트럼프 대통령은 2019년 YPG에 대한 지원을 중단하고 시리아 내 미군을 상당수 철수하였는데 이는 튀르키예의 YPG 지원 중단 요구에 부응했다기보다 IS 격퇴를 위하여 시리아에 파병한 목적을 어느 정도 달성했다고 보았기 때문이다. 그럼에도 결과적으로 튀르키예가 시리아 쿠르드 민병대를 제압할 수 있게 되어 미국과 튀르키예 간의 첨예한 이해 대립을 일부 해소하는 계기가 되기는 하였다. 반면 미국을 지원했던 YPG는 토사구팽을 당하는 상황으로, 1차 대전 직후 독립의 꿈을 가졌다가 무산된 바와 같이 약소세력의 비애를 다시금 겪게 되었다.

튀르키예 정부는 종교 지도자 귤렌이 2016년 쿠데타에 연관되었다고 주장하면서 그의 송환을 지속적으로 요청하고 있지만, 미국 사법부에서 이를 받아들일 가능성은 희박하다. 튀르키예의 귤렌 송환 요청이 받아들여지지 않자 튀르키예 정부는 튀르키예에 거주 중인 미국인 브룬손(Brunson) 목사가 쿠데타에 연관되어 있다는 명목으로 구금하는 조치를 취하여, 미국은 튀르키예가 인질 외교를 하고 있다고 강하게 비난하였다. 에르도안의 반미적인 조치에 대하여 트럼프 대통령은 튀르키예의 철강 및 알루미늄 관세를 높게 부과하여 튀르키예의 리라화가 급락하는 결과를 가져오기도 했다.

미국과 튀르키예 간의 다른 암초는 미국이 튀르키예에 패트리어트 미사일 방어 시스템과 기술이전 제공을 거부하자 튀르키예가 러시아제 S-400 방어 시스템 구입을 결정한 것이다. 러시아 시스템이 튀르키예 시스템과 결합될 경우 NATO 장비 및 F-35 미국

최신 전투기 정보의 누출 가능성을 우려하여 미국은 튀르키예의 러시아제 방어 시스템 구입 조치에 강하게 반대했다. 그러나 러시아는 이 간극을 파고들어 S-400 시스템을 우호적인 조건으로 빠른 시일 내에 제공하는 조건을 튀르키예에 제시하였다.

에르도안 정부 출범 이전에는 정치적·군사적인 신뢰가 높았던 양국 관계가 점차 상호 신뢰하지 못할 단계로 변화한 것은 정책적인 엇박자와 함께 서로에 대한 신뢰도가 무너진 데 이유가 있다. 오바마와 에르도안 간의 초기 협력이 후기 불신으로 이어진 이후, 트럼프와 에르도안의 자기 주도적인 성격과 유연성이 부족한 강한 성향으로 양국 간 신뢰는 회복되지 못하였다. 현재 바이든 대통령과 에르도안 대통령 사이의 협력 가능성과 관련하여 튀르키예는 경제가 점차 하락하는 가운데 미국의 협력이 필요하여 보다 적극적인 태세로 미국과의 협력을 추진할 것이라는 전망도 있다. 그러나 에르도안 대통령이 러시아의 S-400 시스템 도입을 포기하면서까지 미국과의 협력을 복원하지는 않을 것이다. 바이든 대통령 역시 민주주의 가치를 손상하고 NATO 협력에 어려움을 주고 있는 권위주의적인 성향의 에르도안 대통령과 협력을 선도적으로 해 나가기가 쉽지 않다. 이러한 이유로 미국과 튀르키예 간의 긴장 관계는 당분간 지속될 가능성이 크다.

튀르키예와 유럽연합:
신뢰와 가치 공유의 한계

오스만 제국 시절 튀르키예와 유럽은 수백 년에 걸쳐 경쟁과 협력을 하여 왔으며 특히 발칸반도를 두고는 끊임없이 외교적인 교섭과 함께 전쟁을 하기도 했다. 튀르키예로서는 유럽과 떼려야 뗄 수 없는 관계임에도 정작 유럽 국가의 총합체인 유럽연합에의 가입은 수십 년간 이루어지지 못하고 있다. 튀르키예는 가입 심사 과정에서 동유럽 국가들에 비해 자국에 대하여 유독 엄격한 기준을 적용하는 유럽연합의 이중적인 잣대에 강한 불만을 표시하고 있다. 즉, 튀르키예와 분쟁국인 사이프러스, 그리고 튀르키예보다 가입 협상이 늦게 시작된 루마니아·불가리아·크로아티아 등에 대해서는 별다른 조건 없이 가입을 허가한 반면 튀르키예에만 과도한 조건을 붙이고 있는 점이 튀르키예의 불만이다.

그러나 가입이 이루어지지 못한 배경에는 튀르키예의 일관되지 못한 정책도 간과할 수 없는 면이 있다. 1970년대 그리스의 유럽연합 가입 신청 시 유럽연합은 그리스와 튀르키예의 동시 가입을 고려하여 튀르키예와 접촉했다. 그러나 당시 튀르키예에서는 좌익 민족주의자인 에제비트 총리가 집권하여 유럽연합을 제국주의적 자본주의 집단으로 인식하였고 튀르키예 기업계에서도 유럽 기업과의 치열한 경쟁 가능성을 부담스러워했다. 그리고 유럽연합 가입을 위하여 튀르키예 국내 경제 관련법을 개정할 경우 불리할 것으로 인식하여 반대한 측면도 있었다.

1995년에 튀르키예와 유럽연합은 관세를 대폭 낮추는 관세동맹을 체결하여 경제적인 협력을 강화할 제도를 갖추었지만 가입까지는 아직 갈 길이 멀다. 에르도안 정부는 정치적인 민주화 노력을 하면서 EU에 부합될 수 있도록 국내 관련법을 개정하는 등 가입 조건에 부합시키기 위해 여러 노력을 하여 2004년 유럽 정상회의에서 튀르키예의 가입을 심의하기로 결정하였으며 2005년 가입 협상 대상국으로 가입 협상이 시작되었다. 그러나 이후 지금까지 가입 협상이 지지부진하면서 난항을 지속하고 있다. 유럽에서는 유럽연합의 지나친 확대에 대한 회의감과 이슬람 국가의 편입에 대한 우려감이 있었던 반면, 튀르키예에서는 국내 제도를 광범위하게 유럽 기준에 맞추는 것에 대한 비판적인 시각도 있다.

또한 1974년 남북 사이프러스로 분단된 이후 지금까지 튀르키예와 그리스 간의 분쟁이 되고 있는 사이프러스 문제는 튀르키예의 가입에 커다란 걸림돌이 되고 있고 해결 조짐이 보이지 않는다. 2004년 4월 코피 아난 유엔사무총장은 남북 사이프러스 통합안을 제안하여 국민투표에 부쳤는데 그리스계 사이프러스인들의 반대로 부결되었다. 그리스계 파파도풀로스(Papadopoulos) 대통령은 유엔에서 통합안을 지지하는 발언을 했지만, 막상 투표 때는 반대 유세를 하여 부결시켰기에 튀르키예계 주민들은 당혹스러워했다. 직후인 2004년 5월, 그리스가 지원하는 남사이프러스는 유럽연합 회원국이 되었다. 이후 북사이프러스를 튀르키예가 국가로 승인한 것이 빌미가 되어 그리스 및 사이프러스는 튀르키예의 유럽연합 가입에 줄곧 반대하고 있다.

아르메니아 문제 역시 튀르키예에게는 유럽연합 가입의 걸림돌이 되고 있다. 에르도안 총리는 집권 후 아르메니아와 관계를 정상화하기 위한 여러 노력을 기울였지만 양국은 접점을 찾지 못하였다. 그 배경은 오스만 제국 시대로까지 거슬러 올라간다. 오스만 제국이 1차 세계 대전 중 적대국인 러시아와 전투를 벌이는 와중에 러시아의 도움을 받아 독립을 이루고자 했던 아르메니아는 러시아와 연계하여 오스만 제국을 교란하였다. 이에 대응하여 오스만 제국은 동부 전선에서의 내부 적대 세력인 아르메니아인에 대한 강제 축출을 자행했다. 오스만 제국 군대와 이를 지원하는 쿠르드 민병대가 주축이 되어 많은 아르메니아인을 살해하거나 시리아 지역으로 강제 이주시켰다. 아르메니아는 오스만 제국 정부의 아르메니아인 살해 상황을 대학살(Genocide)로 규정하고 튀르키예의 사죄를 요구하면서 해외 거주 아르메니아 동포들이 유엔 등 국제사회에서 여론을 조성하는 등 압력을 가하고 있지만 튀르키예는 이를 수용하지 않고 있다.

아르메니아와 아제르바이잔 간의 분쟁은 튀르키예에게 또 다른 부담이다. 아르메니아는 1993년 아제르바이잔의 자치지역인 나고르노-카라바흐(Nagorno-Karabakh)를 점령하면서 이를 서부 아르메니아로 지칭하고 있는데, 튀르키예는 이에 대해서 반대하여 왔다. 특히 튀르키예와 아제르바이잔은 '두 정부 한 민족'이라고 할 정도로 아제르바이잔은 투르크계 국가로서 튀르키예가 가장 중요시하는 우방국이다. 튀르키예 지도자들이 선거에서 당선되는 경우 가장 먼저 방문하는 곳이 아제르바이잔과 북사이프러스일 정도로 아제르바이잔은 튀르키예에게 매우 중요한 형제국가이다. 2020년 분쟁이 재발하여 아제르바이잔이 아르메니아를 제압하고 나고르노-카라바흐의 상당 지역을 차지한 이후 러시아, 튀르키예의 중재로 평화협정을 체결하였다. 아르메니아와 아제르바이잔 간의 분쟁은 여전히 존재하는 가운데, 튀르키예가 아제르바이잔을 전폭적으로 지원하고 있어 가까운 시일 내에 튀르키예와 아르메니아 간의 관계 개선이 이루어지기는 힘들 전망이다.

튀르키예의 국내 정치 상황과 아르메니아·사이프러스 문제, 또 유럽의 입장 등으로 인해 튀르키예의 유럽연합 가입은 앞으로도 쉽지 않을 가능성이 높다. 그 이유는 튀르키예가 인권 등 국내의 관련법을 상당 부분 개정하기를 원하는 유럽의 요청을 받아들이기가 쉽지 않은 점, 프랑스·독일 등 여러 국가에서 이슬람 국가인 튀르키예의 진입을 반대하는 목소리가 큰 이유도 있기 때문이다. 이러한 교착상태에서 독일 등에서는 유럽연합의 일원으로 받아들이기보다 튀르키예에 대하여 폭넓은 관세 혜택을 부여하는 관세 동맹의 확대(Enlarged Custom Union) 등 중재안을 제시하고 있으나 튀르키예는 이 제안을 수용하지 않고 있다.

튀르키예의 유럽연합 가입은 유럽 주요 국가 지도자들의 시각과도 직결되어 있어 정치 지도자가 바뀔 때마다 유럽의 입장도 변하고 있다. 독일의 슈뢰더 전 총리는 튀르키예의 지정학적인 위치, 유럽의 에너지 조달국으로서의 역할, 유럽과 이슬람 세계 간의 연결고리 측면 등 전략적 고려에서 튀르키예 가입을 적극 지지한 바 있다. 그러나 메르켈 전 총리는 유럽연합이 새 회원국을 계속 받아들이는 것은 바람직하지 않으며 연합체의 확대보다 구조 개선 등 회원국 간의 협력 강화가 더 필요하다는 입장이었다. 프랑스는 튀르키예의 가입 시 일자리를 위협하고 임금 수준을 떨어뜨릴 수 있다는 우려를 표명하여 튀르키예의 가입에 반대하는 입장이다. 사르코지 전 대통령은 이에 더하여 튀르키예가 20세기 초 아르메니아 대학살을 인정하기 전에는 받아들이기 어렵다는 입장을 표명하기도 했는데 이는 튀르키예가 수용할 수 있는 조건이 아니었다. 유럽 주요국의 이러한 입장을 파악한 에르도안 대통령은 유럽연합의 가입이 쉽지 않다는 판단하에 2018년 새로운 내각을 구성하면서 유럽 문제를 담당하는 장관직을 더 이상 유지하지 않았다. 튀르키예와 유럽 간의 이러한 간극에도 불구하고 정치·경제적으로 상호 긴밀하게 연결되어 있는 점은 부정할 수 없다.

튀르키예와 러시아:
과거의 적, 현재의 친구

튀르키예인들은 러시아에 대하여 두려움을 가지고 있다. 역사적으로 오스만 제국과 러시아 제국은 전쟁으로 불신의 벽이 높다. 오스만 제국 시절 15세기 처음 국경을 접한 이후 1917년 러시아 제국의 멸망 시까지 주로 러시아가 개전하여 10차례 이상 전쟁을 벌였는데 대부분 러시아가 승리하였다. 러시아는 남진하면서 카프카스 지역, 우크라이나, 크림반도에 진출하였으며 이는 곧 오스만 제국의 위축을 의미했다. 특히 19세기 러시아는 오스만 제국 치하의 세르비아·그리스·불가리아 독립을 지원하고 카프카스 지역을 점령하면서 소아시아를 압박하였다.

이에 따라 19세기 오스만 제국의 외교 정책 근간은 영국 등의 협조로 러시아의 남하를 막는 것이었다. 튀르키예가 미국에 의존하게 된 결정적인 계기도 2차 대전 이후 스탈린이 튀르키예에 북동부 지역을 할양하고 소련군이 흑해 해협에 군사기지를 설치할 수 있도록 요구한 데 기인한다. 소련의 요구를 받아들일 경우 튀르키예는 소련의 영향권으로 편입될 가능성이 농후하기에 이를 거절하고 서독보다 일찍 NATO에 가입하였다.

또한 튀르키예는 냉전 시기 중에 소련의 강한 군사력을 두려워하여 소련 치하의 투르크 및 이슬람 국가와의 관계를 멀리하였다. 심지어 거의 같은 언어인 투르크어를 구사하는 아제르바이잔과의 관계도 등한시하였다. 그러나 소련의 붕괴 이후 소련 영역이었던 발칸 및 남카프카스의 이슬람 국가와 구소련 투르크계 국가에 대해 접근하였다.

소련이 붕괴된 이후 튀르키예와 러시아의 관계에도 변화가 생겼다. 1992년 당시 데미렐 총리는 1923년 튀르키예 공화국 건국 이후 처음으로 총리로서 러시아를 방문하였다. 이후 고위인사 교류가 여러 차례 이루어지면서 경제적으로 대규모 가스를 수출하는 사업이 성사되기도 하였다. 1997년부터 논의된 흑해 해저 가스관 사업인 블루 스트림(Blue Stream)이 2005년 실현된 이후 지금도 대규모 협력 사업이 이루어지고 있다. 양국은 건설·농업·관광 등 여러 분야에서 활발한 경제교류가 이루어지고 있으며, 튀르키예로서는 러시아가 독일·미국·이태리 다음의 4대 주요 무역 대상국이 되었다.

양국의 협력은 에르도안의 집권 이후 더욱 가속화되고 있다. 2004년 푸틴 대통령이 튀르키예를 방문하였는데 이는 수백 년 만의 첫 정상 방문으로서 튀르키예-러시아의 새로운 관계를 상징하는 것이었다. 2005년 에르도안 총리도 러시아를 방문한 이후 지금까지 두 지도자는 수시로 만나고 있다. 푸틴과 에르도안 두 지도자의 특징은 공히 제국의 영광 재현이라는 국가 재건의 뚜렷한

목표를 설정하고 모든 권력을 한 손에 움켜쥔 강한 성격을 가진 지도자라는 점이다. 에르도안은 이란과 함께 러시아와 새로운 관계를 모색하고자 하였으며, 푸틴 역시 튀르키예를 새로운 에너지 수출시장으로 활용하기 시작했다. 튀르키예의 정책 입안자들은 서구와 달리 러시아가 튀르키예를 동등한 파트너로 인정한다고 평가하고 있다. 또한 이라크 전쟁 때 미국의 영토 사용 요청 거부로 인한 미국과의 원만하지 않은 관계, 유럽연합 가입 문제로 유럽 국가와의 껄끄러운 관계를 러시아가 대신해 줄 것으로 여기고 있다. 그러나 튀르키예의 기대와는 달리 러시아와 튀르키예가 시리아 내전을 두고 상당히 다른 입장을 취하고 있는 점에 비추어 보면 러시아가 튀르키예를 동등한 파트너로 여기는지는 의문이다.

푸틴의 대외 정책 근간은 과거 제국의 영광을 재건하고, 무엇보다 인근국에 대한 영향력을 복원하여 나가고자 하면서 그 수단으로 에너지를 활용하고 있다. 이러한 방침에 따라 튀르키예와의 관계에서 경제협력의 중점을 가스 수출에 두고 있다. 튀르키예는 냉전 시대인 1987년 소련-루마니아-불가리아를 거쳐 소련으로부터 가스를 도입하기 시작하였다. 푸틴의 권위주의적 정치가 본격화하고 우크라이나와의 관계가 악화되면서 러시아의 유럽 가스 수출이 순탄치 않게 되자, 러시아는 튀르키예를 경유하여 유럽으로의 수출을 추진하고 있다. 러시아는 2005년 이후 흑해 해저 가스 파이프라인을 설치하여 튀르키예로 가스를 수출하기도 하며(Blue

Stream), 2014년 크림반도 점령 이후 우크라이나를 경유하여 유럽으로 송출하던 가스를 점차 튀르키예를 경유하여 유럽으로 수출하고 있다(Turkish Stream). 튀르키예는 대부분의 석유·가스를 해외에서 도입하고 있는데, 러시아에 과도하게 의존하지 않도록 2005년부터 아제르바이잔에서 생산되는 원유를 조지아를 거쳐 수입하고 있다. 또한 튀르키예를 거쳐 유럽 국가로 가는 에너지의 통행로 역할도 하기 시작해 원유 파이프라인은 BTC(Baku-Tbilisi-Ceyhan, 아제르바이잔 바쿠-조지아 트빌리시-튀르키예 제이한)라고 불린다. 또한 가스의 수입 및 통행로 역할을 위하여 아제르바이잔-조지아-튀르키예-그리스-유럽 각국을 연결하는 TANAP(Trans Anatolian Gas Pipeline) 사업을 완성하여 운용하기 시작했다. 전략적인 협력으로 튀르키예는 러시아 원자력 회사인 로사톰(Rosatom)과 협력하여 아쿠유 원자로 건설 사업을 처음으로 시행하고 있고, S-400 지대공 방어 미사일 시스템 도입을 추진하고 있을 정도로 긴밀한 협력이 이루어지고 있다.

러시아와 튀르키예 간에 의견 차이가 큰 부문은 시리아 아사드 대통령에 대한 입장이다. 튀르키예는 2011년 시리아 내전 발생 후 2015년까지 아사드 대통령의 축출을 여러모로 모색하였으나, 러시아는 반대 입장이고 기대했던 미국이나 유럽이 IS 격퇴에 중점을 두면서 시리아 문제에서 발을 빼는 것을 감지하였다. 튀르키예는 여전히 아사드 축출 입장을 바꾸지는 않았지만 더 이상 시리아 내 쿠르드 반군을 용인하면서까지 아사드를 축출하겠다는 입장을 견지하고 있지는 않고 있다. 오히려 반아사드 전선에 앞장선 시리아 쿠르드 민병대가 더 위협적이라는 인식으로, 러시아의 양해하에 시리아 국경선을 넘어 쿠르드 반군을 공격하고 있다.

시리아 문제로 한때 에르도안과 푸틴은 상당히 긴장된 관계에까지 이르렀다. 2015년 11월 시리아 정부군을 지원하던 러시아 전폭기가 튀르키예 영공을 침범하였고 이를 튀르키예 전투기가 격추한 데 대하여 푸틴은 튀르키예가 러시아의 등에 비수를 꽂았다고 하면서 엄중한 조치를 취할 것이라고 공개 선언하였다. 러시아는 2015년 9월부터 시리아 문제에 관여하면서 파병을 통하여 시리아를 강하게 지지할 뿐만 아니라, 러시아 전폭기를 격추시킨 튀르키예에 대하여 크림반도, 아르메니아, 시리아 등 여러 지역에서 강하게 압력을 가하였다.

이러한 러시아의 압력에 대응하고자 튀르키예는 NATO 긴급회의를 요청하였으나 서구 국가들의 미온적인 반응에 더 이상 NATO에 의존할 수 없다는 것을 느끼게 되자 2016년 6월 유감을 표명하면서 러시아에 화해 입장을 전달하였다. 이후 튀르키예의 인권 문제, 에르도안의 장기 집권 등 민주화 문제를 비판하는 미국 및 서구 국가보다는 푸틴 대통령과의 협력이 튀르키예에 유리하다는 입장으로 선회하였다. 2014년 크림반도 합병 이후 서구의 경제제재를 받아 온 러시아로서도 튀르키예를 활용하여 NATO

연합 전력의 약화를 도모할 필요성이 있어 튀르키예의 접근을 환영하였다.

2016년 7월 튀르키예 내 쿠데타 발생은 튀르키예와 러시아가 상호 긴밀하게 접촉하는 또 다른 계기가 되었다. 쿠데타 발생 다음날 푸틴은 에르도안에 위로와 지원의 전화를 하였으며, 쿠데타 이후 에르도안의 첫 해외 방문국이 러시아였다. 쿠데타 실패 이후의 광범위한 숙청에 대하여 푸틴은 지속적으로 지지하는 입장을 견지하였다. 이에 반해 미국은 쿠데타에 대한 비판적 입장을 발표한 것이 늦었으며, 쿠데타를 주동한 튀르키예 전투기가 미군 및 튀르키예군이 주둔한 인즐릭 공군기지에서 발진하여 튀르키예는 미국이 쿠데타에 동조적이었다는 의심의 눈초리를 거두지 않았다. 나아가 쿠데타 배후에 귤렌이 있음에도 미국에 망명 중인 귤렌을 송환하는 데 협조하지 않는다는 이유로 미국과의 관계가 매우 악화되었다. 미국과 유럽은 튀르키예 정부가 쿠데타 연루자를 광범위하게 숙청하는 데 대하여 우려의 목소리를 보였다. 또한 미국이 대공 방어 미사일망 수출에 소극적이자 튀르키예는 러시아로부터 S-400 미사일 방어망 수입 의사를 표명함으로서 튀르키예와 미국의 간극은 계속 벌어져 가고 반면 튀르키예와 러시아는 밀착되고 있다.

그렇다고 해서 튀르키예와 러시아가 전략적으로 협력한다고 보기는 어려우며, 상황에 따라 그리고 자국의 이해에 따라 서로 협력하거나 다른 입장을 보이고 있다. 튀르키예는 러시아의 우크라이나 침공을 규탄하고 우크라이나에 드론 등 무기를 판매하면서도, 서구의 대러시아 제재에 반대하는 입장이다. 러시아는 튀르키예가 쿠르드 문제에 상당히 민감하게 대응하고 있음을 알고 있음에도 PKK와의 관계를 청산하고 있지 않다. 또한 양국의 지도자 간 긴밀한 협력에도 불구하고 여론조사에서는 러시아에 대한 튀르키예인들의 신뢰도가 높지 않음을 나타내고 있는 점에 비추어 보면 두 나라 사이에는 깊은 불신의 골이 여전히 남아 있다.

튀르키예와 이란:
어색한 동행

오스만 제국이 600여 년 통치하면서 주변국 가운데 제압하지 못한 나라는 이란이다. 페르시아의 사파비 왕조가 출범한 1501년 이전부터 두 왕조는 국경을 접하면서 상호 인접 지역인 이라크, 현재의 동부 튀르키예, 서부 이란, 남카프카스 지역을 둘러싸고 경쟁을 벌였다. 1473-1639년까지 150년 이상 서로 전력을 손실하는 소모전을 벌였지만 오랜 기간 서로를 의식하면서도 어느 한 제국이 압도하지 못한 채 교착상태가 되었다. 셀림 1세가 이란 북동부 타브리즈를 점령한 바 있으며, 슐레이만 대제도 사파비 왕조의 이스마일 왕을 제압하려 하였지만 성공하지 못하였다. 이에 오스만 제국의 무라드 4세(Murad IV)와 사파비 왕조의 사피(Safi) 간의 조약으로 1639년 국경을 획정하여 상호 존재를 인정한 가운데 더 이상 전쟁을 하지 않기로 하였다. 오스만 제국의 이란에 대한 우세가 지속되는 가운데 사파비 왕조는 유럽과 협력하여 오스만 제국을 견제하고자 하였다.

19세기에 유럽의 아시아 진출과 러시아의 남진으로 두 왕조 모두 엄청난 압력을 받아 스스로를 지키기에도 급급했고 국내 문제 해결이 우선순위여서 두 왕조 간에는 분쟁이 발생하지 않았고 양

오스만 제국의 영광과 쇠락, 튀르키예 공화국의 자화상

국의 국경에도 변화가 없었다. 멸망한 시점도 비슷하여 사파비 왕조는 1921년 무너지고 오스만 제국은 1922년 해체되었다. 이란은 팔레비 왕조가 들어선 이후 1979년 이슬람 회교공화국으로 변하고, 소아시아에는 1923년 튀르키예 공화국이 건국되어 군부가 권력을 장악하면서 직접적인 충돌은 없었다. 그럼에도 두 나라는 주변 지역인 시리아·이라크에 대한 영향력을 확대하려고 경쟁하여 왔고 지금도 서로 다른 입장을 견지하고 있다.

20세기에 양국은 비교적 조용한 관계를 유지했는데 이 이유는 튀르키예가 국외 사건에 관여하지 않는 정책을 취하였고, 이란은 샤 황제가 친서방 정책을 취하여 충돌할 요인이 없었기 때문이다. 조용한 관계가 변하기 시작한 것은 1979년 이란의 호메이니 정권 출범 이후이다. 수니파가 다수인 튀르키예에는 시아파에 가까우면서 세속화된 소수의 알레비 종파 교인들이 동부 지역에 살고 있다. 알레비 종파는 진보적인 이슬람교로 투르크 전통·샤머니즘·기독교·이슬람교를 혼합한 이단적 신앙을 가지고 있으며 튀르키예 인구의 10-20%를 차지하고 있는 것으로 추산된다. 이들은 대체로 세속적인 경향으로 에르도안 정권에 비판적인 입장이다. 호메이니 정권은 혁명 후 튀르키예 동부 지역에 거주하고 있는 알레비 종파 교인을 시아파로 개종시켜 시아파를 확대하고자 하였으나 실패하였다.

튀르키예와 이란, 두 나라는 극명하게 대비되기도 했는데 튀르키예는 에르도안 정부 출범 이전에는 친서방 세속적 민주주의 국가, 이란은 호메이니가 정권을 장악한 이후 반서방 권위주의적 신정정치 국가로 구분되어 왔다. 이란의 혁명 이후 튀르키예는 이란이 이슬람 교인이나 PKK를 이용하여 세속적이고 민족주의적인 튀르키예를 교란할 가능성을 우려하였다. 이란의 혁명군 사령관은 튀르키예의 시리아 정책이나 NATO와의 공동 방위를 비난하면서 아랍 세계에 세속주의를 전파하는 것을 경고하기도 하였다.

튀르키예는 2000년대 들어 경제성장을 이루고 친서방적 외교 정책으로 중동의 중심 세력으로 부각하였다. 이에 이란은 튀르키예를 점차 경계하게 되었으며 지역 패권 측면에서 상호 경쟁이 생기게 되었다. 그러나 2003년 집권한 에르도안 총리는 이란에 대하여 지속적으로 우호적인 입장을 취하였다. 강성의 이란 아흐마디네자드 대통령을 초청하여 형제로 대우하고, 이란 방문비자 제한을 없앴으며, 상호 무역 투자를 대폭 확대해 나갔다. 이란의 핵 문제 해결을 위한 방안을 브라질과 함께 공동으로 제시하였으나 강대국들이 브라질·튀르키예 안을 받아들이지 않아 실패한 이후 튀르키예는 이란이 국제제재를 우회하여 회피하도록 지원하기도 하였다.

그럼에도 아랍의 봄 이후 시리아에 대한 양국의 입장은 극명하게 달랐다. 이란이 아사드 시리아 대통령에게 적극적인 지원 세력인 데 반해 튀르키예는 아사드 대통령의 축출을 위하여 시리아

　　　　오스만 제국의 영광과 쇠락, 튀르키예 공화국의 자화상

반군을 지원하였다. 이란은 튀르키예의 반시리아 정책에 대응하여 그동안 억제해 온 이란 내 쿠르드 단체(PJAK: Kurdistan Free Life Party)가 튀르키예 정부에 대항하는 PKK를 지원하도록 하였다. 이란과 튀르키예는 이라크 문제에 대해서도 입장이 달라 이란은 시아파 계통의 이라크 정부를 지원한 반면, 튀르키예는 수니파 이라크 정치단체와 이라크 내 쿠르드 자치정부(KRG, Kurdish Regional Government)를 지원하여 이란의 이라크 내 영향력을 제한하려는 시도를 하였다. 또한 튀르키예는 이라크 중앙정부와 사전 협의 없이 KRG로부터 직접 원유를 수입하여 이란이 지원하는 이라크 정부와 틈이 생기기도 하였다. 이라크와 시리아를 둘러싸고 이란과 튀르키예가 경쟁하는 배경에는 상호 불신이 내재하고 있는데 이란은 튀르키예가 한편으로 NATO와 안보협력을 하면서 중동에 대하여 영향력을 확대하고 있는 것이 오히려 이전 친서방 위주의 정책보다 위험한 것으로 평가하기도 한다.

이란과 서방 간의 협력과 갈등은 튀르키예에게도 영향을 미쳐 왔다. 오바마 정부 시절, P5+1 프레임을 바탕으로 이란 핵 협상이 진행되면서 마침내 2015년 핵 협상이 타결된 것은 튀르키예로서도 환영할 일이지만 이란이 지역 맹주로 부상하게 될 계기가 되어 불안감도 있었다. 더욱이 이란이 이란-이라크-시리아 등 시아파 연대를 통하여 중동에서 영향력이 더욱 확대되는 상황에서 이란과 서방과의 협력은 튀르키예의 입지를 약화시킬 수 있는 것이다.

이를 계기로 튀르키예는 미국 등 서방에 의존하기보다 외교선을 다변화하기 위하여 러시아 및 중국 등과 접촉선을 확대해 나가는 전략도 모색하였다.

이러한 상황에서 튀르키예 정부는 미국에 망명 중인 귤렌파가 2016년 쿠데타에 관여하였다고 발표한 이후 미국과 거리를 두면서 이란과 러시아에 접근했다. 이란은 쿠데타 시도를 즉각 비난하고 에르도안 대통령을 지지하는 입장을 표명하면서 튀르키예와 가까워졌다. 또한 2017년 카타르가 이슬람 형제단과 테러를 지원하고 있다는 이유로 사우디아라비아 주도로 걸프 연맹국가·이집트·리비아 등이 카타르와 외교관계를 단절한 데 대하여 튀르키예와 이란은 카타르를 적극 지원하고 나섰다. 이와 같이 양국은 시리아 문제에 대하여 상호 대립되는 입장을 보이면서도 사우디아라비아의 영향력 확대에 대하여 반대하는 등 사안별로 공조하고 있다.

이란과 튀르키예가 상황에 따라 공동으로 협력하는 부문은 쿠르드족에 대한 대응이다. 이는 1920년대로 거슬러 올라가는데, 막 출범한 튀르키예 공화국과 팔레비 왕조는 쿠르드 반군에 대하여 공조하였다. 튀르키예 인구의 15% 정도가 쿠르드계인 반면 이란의 경우 10%가 쿠르드 계통이다. 이란의 인구 구성을 보면 50% 정도만이 이란계이며, 아제르바이잔 계통이 상당히 많고 쿠르드도 무시할 수 없으며 대부분 시아파이지만 수니파 이슬람도

10%에 이른다.

지금 이라크 북부에 쿠르드 자치정부(KRG)가 결성되어 있지만 중동에서 처음으로 쿠르드 정부가 구성된 것은 이란 내에서이다. 2차 대전 직후 이란의 혼란 와중에 쿠르드인들이 소련의 지원을 받아 마하바드 공화국(Mahabad Republic)을 건국하여 짧은 기간 존속한 바 있다. 이러한 역사적인 경험과 2003년 결성된 이란 내 쿠르드 단체(PJAK)가 PKK와 연대하여 간헐적으로 이란으로부터의 자치 시도를 하고 있는 점을 감안하여 튀르키예와 이란은 쿠르드의 세력 확산을 견제한다는 점에서 대체적으로 이해관계가 일치하고 있다. 2017년 쿠르드 자치정부(KRG)가 국가로 전환하기 위하여 역내 국민투표를 하였을 때 이라크뿐만 아니라 튀르키예·이란·시리아는 격렬히 반대했는데 만약 독립국가가 될 경우 네 나라 모두 자국 내 쿠르드의 독립 가능성을 우려했기 때문이다.

그럼에도 불구하고 쿠르드 문제에 대하여 튀르키예와 이란 양국의 이해가 충돌하기도 한다. 튀르키예 정부가 2013년 PKK와 평화협상을 추진하는 데 대하여 이란은 민감한 반응을 보였다. 만약 튀르키예와 PKK 간 평화적인 해결이 이루어질 경우 이란 내 쿠르드족의 입지가 강화되어 이란 내에서 분쟁을 일으킬 가능성이 있기 때문이다. 또한 이라크 및 시리아에도 쿠르드인들이 퍼져 있는 만큼 이들 국가 역시 부분적으로 튀르키예의 영향권에 들어가게 될 것을 염려해서이다.

에너지 협력도 양국에 중요한 사안이다. 튀르키예는 가스를 거의 전량 수입하는데 러시아로부터 50% 정도, 이란으로부터도 15% 이상 도입하고 있어 두 국가에 가스 의존도가 높다. 튀르키예는 이들 국가와의 관계가 급변할 가능성을 배제하기 어렵기에 최근 아제르바이잔을 통해 가스를 도입하며 변화를 시도하기도 하였다.

러시아·튀르키예·이란은 서방 세계 주도의 국제관계 설정에 대해 반대하고, 시리아 내전의 해결방안을 모색하기 위하여 아스타나 프로세스라는 3국 간 협력 시스템을 긴밀하게 운용하고 있다. 그러나 이는 세 나라가 가치를 공유하는 공감대에서라기보다 자국의 입장에서 시리아 문제를 보고 다른 국가들의 움직임을 주시하면서 필요시 공동 대응하는 정도이다. 이란은 배후 지역인 이라크를 자국의 영향권으로 하는 가운데 시리아·레바논과의 시아파 연대를 통해 지중해로 진출하여 지역 맹주로서 부상하고자 하고 있다. 이러한 관점에서 본다면 튀르키예의 친튀르키예 시리아 반군 지원은 이란의 전략에 배치되는 것으로서 수용할 수가 없다. 특히 튀르키예의 세력 확충을 경계하는 이란은 시리아 등과 세심히 협력하여 튀르키예를 견제하려는 전략을 지속적으로 강구할 것이다. 이러한 가운데 전통 우방국을 멀리하면서 러시아와 이란에 급속히 다가간 튀르키예의 외교가 궁극적으로 어떠한 결과를 가져올지는 두고 볼 일이다.

오스만 제국의 영광과 쇠락, 튀르키예 공화국의 자화상

튀르키예와 이집트·이스라엘: 정치적 반목과 경제적 협력

중동 지역 이외의 사람들은 튀르키예인들과 아랍인들 모두 이슬람 종교를 믿고 있어 서로 유대감이 강하고 사고방식이 서로 비슷하다고 여기는데 이는 잘못된 편견이다. 튀르키예인들은 아랍인과 다르며, 아랍의 문화가 자국과 비슷하다고 여기지 않는다. 아랍인도 마찬가지다. 오스만 제국 해체 당시 아랍의 민족주의 분위기가 강하게 작용하였고 영국 등 유럽 국가들이 아랍의 독립을 부추기면서 아랍인들에게 민족의식을 불어넣었다. 영국인으로 아랍의 독립을 지원한 아라비아의 로렌스와 메카 지역의 하세미테 가문은 영국의 지원을 믿고 오스만 제국으로부터의 독립운동을 강하게 전개했다. 튀르키예인들은 오스만 제국 통치 기간 내내 지방 권력을 부여받았던 아랍인 지도자들의 반란은 배신이라고 생각하며 아랍인들이 등에 칼을 꽂았다는 시각을 가지고 있다. 이러한 점에서 본다면 에르도안의 주변 국가 우선 정책은 튀르키예인과 아랍인 간의 갈등과 서로 가지고 있는 편견을 해소하는 데 도움이 되었을 수 있다.

아랍의 봄 이후 장기간 집권했던 이집트 무바라크 대통령이 축출된 이후 에르도안 총리는 두 차례나 이집트를 방문하였다. 튀르키예는 2012년 대통령으로 당선된 모르시를 적극 지원하며, 튀르키예-이집트 민주주의 연대와 이스라엘에 공동 대응하는 방안을 제기하였다. 그러나 모르시 대통령은 국내 입지가 취약했고 정치에 대한 감각이 부족했다. 그는 권력을 조기에 장악하고자 하면서 군부를 강하게 견제하였으나 이에 대한 군부의 저항이 거셌고 설상가상으로 경제가 곤두박질치면서 국민들의 반대가 높아져 갔다.

2013년 들어 데모가 격화되면서 모르시 대통령은 축출되었다. 이집트의 데모가 격렬하게 일어났던 시기와 비슷한 2013년 5-6월 이스탄불 게지 공원에서도 민주화 데모가 발생하였다. 모르시가 축출된 이후 권력을 장악한 이집트 군부는 에르도안 총리가 모르시와 이슬람 형제단을 지원한 것을 비판하면서 튀르키예의 국제 무대 진출에 적극적으로 반대하였다. 세속주의 군 장성을 퇴출시킨 이슬람 정치인인 에르도안과 이슬람 정치인을 퇴출시킨 세속적인 군 장성 출신인 알 시시는 성향이 극명하게 다르다. 군부 실세인 이집트의 알 시시 대통령은 자신의 집권에 반대해 온 튀르키예의 에르도안 대통령을 불신하고 있다. 앞으로도 양국이 상호 교류하거나 국제무대에서 협력하기에는 갈 길이 멀어 보인다.

에르도안이 통치하는 한 튀르키예에 대한 이스라엘의 불신은 사그라들지 않을 것이다. 2010년 이스라엘이 팔레스타인 구호품을 실은 튀르키예 선박의 가자 지역 진입을 저지하는 과정에서 튀르키예인의 인명피해가 발생한 사건 이후 양국 관계는 급속히 악화되었다. 이후 미국의 중재로 이스라엘이 유감을 표명하고 유족에게 배상금을 지불하여 이 사건은 2016년에 마무리되었다. 이 사건이 마무리될 수 있었던 것은 튀르키예가 그동안 가까웠던 사우디·이집트·시리아·헤즈볼라(레바논) 등 우호 세력으로부터 멀어져 이스라엘과의 관계를 복원할 필요성이 생겼기 때문이다. 이스라엘 역시 레바논의 헤즈볼라와 이란, 시리아 지역으로부터의 안보적 위협이 증가하여 이에 대한 완충 방안으로 튀르키예와의 적대적 관계를 완화할 필요가 있었다. 양국은 결국 상호 필요성에 따라 2016년에 외교관계를 회복하였다.

튀르키예와 이스라엘은 정치적 이견에도 불구하고 자유무역협정, 이중과세방지협약, 투자협정 등을 체결하여 무역이 급증하고 있다. 그 이유는 협정 등 제도적 기반이 마련된 점도 있지만, 중동의 여건이 더욱 불안해지면서 튀르키예의 주변국 수출이 이스라엘을 통하여 이루어질 수밖에 없었다는 요인도 있다. 시리아 내전 이전에는 튀르키예는 중동 전역에 대한 수출을 육로를 통하여 해왔다. 그러나 이라크의 정세가 불안하고 시리아 내전으로 육로를 통하여 중동 지역 국가에 대한 직접 수출이 어렵게 되면서 이스라엘을 경유하여 수출하는 경우가 점차 증가하였다.

이스라엘도 다른 국가로 가기 위해서는 튀르키예를 거점으로 하여 이동하는 것이 편리하다. 이스라엘 관광객들은 주로 이스탄불을 경유하여 목적지로 가는데 이 규모가 100만 명에 이를 정도로, 이는 이스라엘 인구 700만 명의 1/7 수준에 해당한다. 에너지 부문은 양국 간의 중요한 협력으로 부상하고 있다. 이스라엘은 자국 생산 가스를 튀르키예로, 또는 튀르키예를 경유하여 3국으로 수출하고자 한다. 튀르키예로서도 러시아에서 가스의 50% 정도를 수입하는 편중된 상황이어서 다변화 차원에서 이스라엘 가스 수입이 도움이 된다. 이스라엘로서는 여전히 껄끄러운 관계인 튀르키예보다 사이프러스-그리스-유럽을 통하여 가스를 수출하는 것도 구상할 수 있으나, 이 경우 해상 운송로 건설 및 이동 비용이 이스라엘-튀르키예-유럽을 통한 운송보다 훨씬 경비가 많이 들기에 경제적인 관점에서 튀르키예와의 협력을 모색하고 있다. 이와 같이 튀르키예와 이스라엘 간에 경제적인 협력이 증진되어 왔지만 그럼에도 불구하고 종교적, 민족적인 차이를 감안할 때 정치적으로 긴밀하게 발전될 가능성은 요원해 보인다.

시리아 국경 부근 하란 풍경

11

시리아 내전:
국제분쟁의 냉엄한 현장

튀르키예는 시리아 내전 초기부터 아사드 정권의 축출을 위해 시리아 정부 반대 세력에 군사 지원을 하면서 시리아 문제의 늪에 빠져들기 시작했다. 시리아 내전으로 인하여 튀르키예의 대외협력 구도는 완전히 변모하였다. 기존 우방국인 서구 세력과는 불신의 관계로 들어가고, 러시아·이란과는 협력 또는 협의하는 관계로 진입하고 있다.

우선 튀르키예와 시리아와의 관계를 살펴보면, 역사적으로 오스만 제국에게 시리아는 안보상 중요한 거점이었지만 문제를 일으키는 도전적인 지역이기도 했다. 오스만 제국이 해체되면서 프랑스가 시리아를 점령하게 되어 튀르키예의 관할 지역에서 떨어져 나갔다. 이후 아타튀르크 대통령이 통치하던 1923-1938년에는 쿠르드 등 아타튀르크 반대 세력의 피난처가 되었다. 시리아가 튀르키예에 더욱 반감을 가지게 된 것은 시리아 사람들이 많이 거주했던

오스만 제국의 영광과 쇠락, 튀르키예 공화국의 자화상

북부 지역(튀르키예의 하타이)이 국민투표를 거쳐 1939년 튀르키예령으로 된 이후부터이다. 시리아 정부는 80여 년이 지난 지금도 이를 인정하고 있지 않으며 시리아가 제작한 지도에는 하타이가 시리아 지역으로 되어 있다.

미소 간의 냉전 기간 중 시리아는 소련의 동맹국으로, 튀르키예는 NATO 연합국으로서 두 나라는 미소 냉전의 최전선 지역이었다. 1971년 하페즈 알 아사드가 정권을 잡은 이후에도 상호 적대적인 입장이 지속되었다. 아사드 정부는 시리아 내의 쿠르드인들은 탄압하였지만 튀르키예에 거점을 둔 쿠르드(PKK)에 대해서는 지원하면서 튀르키예를 견제하였다. 튀르키예와 시리아의 관계에서 PKK의 존재를 무시할 수 없다. 시리아는 영향권 하에 있었던 레바논에 PKK 훈련기지를 설치하고 물자 지원을 하였으며, 1980년대와 1990년대에는 PKK 지도자인 외잘란의 체류를 허가하기도 했다. 또한 냉전 기간 중 시리아를 지원하던 소련은 반공국가인 튀르키예와 531킬로미터의 국경을 접하였는데 이 지역이 카프카스 지역(북카프카스와 현재의 조지아·아르메니아·아제르바이잔)이다. 소련은 카프카스 지역에서 튀르키예를 압박하고 테러단체인 PKK를 지원하면서 튀르키예를 견제하였다.

1920년대 이후 지속적으로 긴장관계였던 튀르키예와 시리아 관계의 전환점은 1998년 시리아가 외잘란을 제3국으로 추방한 이후부터이다. 이것이 계기가 되어 2000년 하페즈 알 아사드 대통령

장례식에 튀르키예 대통령이 참석하고, 2004년 바사르 알 아사드 대통령이 튀르키예를 방문하는 등 양국은 새로운 협력관계를 설정해 나갔다. 이러한 변화는 또한 에르도안 집권 이후 튀르키예의 외교 정책 변경으로 가속화되었다. 시리아 내전 발생 이전까지 양국은 가까워지면서 정상 및 고위인사 교류가 수시로 이루어지기도 했다. 튀르키예는 전략적 깊이라는 새로운 외교 정책의 틀을 바탕으로 시리아 방문객에 대한 비자 면제를 제공하고 상호 자유무역협정을 체결하는 등 건설적인 관계를 모색해 나갔다.

이러한 관계가 다시 악화된 것은 시리아 내전이다. 2011년 봄 시리아 정부가 반정부 데모에 대하여 강한 진압 조치를 취하였는데 에르도안 총리는 다붓도울루 외무장관을 시리아에 파견하여 반정부 시위에 대한 강경 조치를 자제하고 시리아 내 이슬람 형제단 일원을 포함하는 정부를 새로이 구성할 것을 조언하였다. 그러나 아사드 대통령은 이를 무시하고 바로 시위 진압 조치를 취하였다. 아사드의 이러한 조치로 에르도안의 '전략적 깊이'라는 새로운 외교 정책이 유명무실하게 되었고, 이슬람 사회에서 그다지 인정받지 못했던 이슬람 형제단을 튀르키예가 옹호하고 있다는 점을 드러낸 계기가 되기도 했다. 조언을 무시하고 바로 강압 조치를 취한 데 분노한 튀르키예 정부는 방침을 바꾸어 아사드 축출을 위하여 반군을 지원하기 시작했다. 또한 아사드 정부에 반대하여 시리아를 탈출하는 난민을 위하여 국경을 개방하여 수용하였다. 나

오스만 제국의 영광과 쇠락, 튀르키예 공화국의 자화상

아가 튀르키예 내 시리아 반군단체를 결성하도록 지원하였는데 주로 이슬람 형제단이 주도하도록 하였다. 문제는 이슬람 형제단이 시리아 국민들의 이익을 대표하는 데 적합하지 않고, 쿠르드·알라위트·드루즈·시아파·아시리아·기독교·수니파 등 다양한 계층의 반정부 대표가 참여하는 단체 구성에도 포함되지 못할 정도여서 아사드 정부에 대항할 세력이 되지 못한다는 점이다.

아랍의 봄 여파가 지속되는 가운데 미국이 아사드의 퇴진을 요구하고 나서자 에르도안은 미국 등 서구 세력이 리비아의 카다피, 이집트의 무바라크와 같이 아사드도 퇴진시키기 위해 적극적인 조치를 취할 것이라고 판단했다. 이를 위하여 튀르키예는 시리아군을 탈출한 군인들을 주축으로 자유 시리아군(FSA) 결성을 지원하였다. 그러나 이들의 역량이 미흡하여 아사드 정부를 축출할 정도의 강력한 세력이 되지 못하였으며, 오히려 알카에다 세력과 함께 IS가 시리아 내에서 세력을 확대해 나갔다.

에르도안은 미국의 지원하에 시리아 북부에 비행금지구역(No-fly zones)을 설정하여 반군의 거점으로 만들면서 반시리아 전선지대를 구축할 경우 아사드 정권의 축출이 가능하다고 보았다. 그러나 오바마 대통령은 시리아 내전에 추가적으로 관여할 의사가 없었기에 에르도안의 구상을 지원하지 않았다. 이로써 미국 등 우방국의 도움 없이 튀르키예가 시리아 문제를 짊어지는 상황이 되었다. 이러한 상황에서 2013년 튀르키예 내 반 에르도안 데모(게지 파크 데모)가 일어났고 이에 대한 강경 진압에 미국이 우려를 표시하자 에르도안은 미국과의 협력이 어렵다고 인식하게 되었다.

에르도안이 시리아군에서 이탈한 군인으로 자유 시리아군을 결성하여 아사드 축출을 기획한 데 대응하여, 아사드는 PKK와 연계된 시리아 쿠르드 민병대(YPG)를 역이용하여 이들이 시리아 북부에 진입하는 것을 용인하여 튀르키예군과 대치하도록 하였다. 그러나 아랍의 봄 이후 시리아의 군 역량이 급격히 저하되면서 튀르키예와 시리아에 걸친 911킬로미터의 국경은 시리아 정부에 반대하는 모든 세력이 활보하는 무정부 지역이 되었으며, 시리아 반군이나 IS에 합류하기 위하여 별다른 제지 없이 넘나드는 장소가 되었다. 힘의 공백이 생긴 이곳에 IS가 급격히 세력을 확대하고 시리아 쿠르드 민병대(YPG)도 진입하여 오히려 시리아군이 배제된 가운데 시리아 반군, YPG, IS가 각축하는 곳이 되었다.

· 시리아 내전으로 인하여 튀르키예와 미국은 상호 신뢰를 상실하여 사실상 허울뿐인 동맹으로 변하였다. 에르도안 정부는 2013-2015년 동안 쿠르드와 평화협상을 진행하였는데 이 협상이 이루어지던 때에는 시리아에서 YPG 세력이 영향력을 확대해 나가는 것을 그다지 견제하지 않았다. 그러나 2015년 7월 튀르키예와 PKK 간의 협상이 결렬된 이후 튀르키예는 시리아 내 쿠르드 세력(YPG)이 튀르키예 내 쿠르드 세력(PKK)과 연대할 가능성을 우려하여 견제하기 시작하였다. 한편 이때를 즈음하여 IS 세력이 확

오스만 제국의 영광과 쇠락, 튀르키예 공화국의 자화상

대되어 갔지만 튀르키예는 아사드 대통령의 퇴진과 YPG 세력의 견제가 우선순위가 되어 상대적으로 IS에 대해서는 충분히 대응할 상황이 아니었다. 이에 반하여 미국에게는 IS의 척결이 우선순위였고, 이를 위하여 군대를 파견하기보다 YPG를 지원하여 IS에 대응하도록 하였다. 미국도 아사드 시리아 대통령의 퇴진을 희망하지만 최우선 관심사가 아니었기 때문에 아사드 퇴진이 우선인 튀르키예와 간극이 더욱 벌어졌다.

튀르키예가 근본 이슬람주의 테러단체인 IS를 묵인한 것은 아니지만 어느 기간 동안 세력을 확장하지 못하도록 강한 대응 조치를 취하지 않았던 점은 있었다. 그 배경에는 IS가 점거한 지역에 오스만 제국을 건국한 오스만 1세의 조부 묘와 이를 방어하는 튀르키예군이 있어 묘를 옮기고 군인을 먼저 빠져나오게 할 필요성이 있었기 때문이었다.

튀르키예가 IS 척결보다 아사드의 퇴진에 초점을 두었던 다른 이유도 새겨볼 만하다. 튀르키예는 시리아·이라크에서 과격단체가 세력을 확장시켜 나갔던 이유를 분석하고 대응하는 방향이 미국과 달랐다. IS의 비인륜적인 행위에 대하여 당장 강한 조치를 취할 필요성이 있는 것으로 보이지만 튀르키예는 그 원인이 아사드 정권의 반수니파 억압에 기인하고 있다고 평가한다. 아사드 정권 치하에서 피살된 국민이 대부분 수니파 이슬람교도로서 50만 명을 넘어서고 있으며 이는 IS가 살해한 2만여 명에 비하여 엄청난 숫자였다. 시리아 내 수니파 교도들은 아사드 탄압에 대항할 능력이 부재하여 자신들을 구제할 어떠한 세력도 받아들일 수밖에 없었다. 이러한 상황에서 알카이다 세력이나 IS가 아사드 정권에 대항하다 보니 이들 세력의 비인륜적인 행위에 관계없이 수니파를 후원하는 세력으로 받아들이게 되어 IS가 발호하게 되었다. 따라서 단순히 IS 세력을 퇴치하여 문제를 해결할 수 있는 것이 아니라 아사드 정권을 무너트리는 것이 문제를 근본적으로 해결하게 된다는 입장이다. 이러한 이유로 튀르키예는 시리아 내전의 해결을 위하여 IS 세력보다 아사드 정권의 퇴진을 우선적으로 주장하였지만 아사드 정권을 지지하는 러시아·이란의 반대에 봉착하게 되었다. 자국의 한계를 인식한 튀르키예는 아사드 정권의 퇴치보다 점차 시리아 내 쿠르드 척결을 앞세우게 되고 이 결과 시리아 내 쿠르드와 협력해 온 미국과의 관계가 흔들리게 되었다.

시리아 내전으로 튀르키예와 러시아 관계도 롤러코스터와 같은 변화를 겪었다. 튀르키예와 미국 관계가 경색된 반면 이 틈을 헤집고 러시아가 파고들었다. 튀르키예로서는 러시아가 시리아를 구원하리라고는 예상치 못하였다. 2015년 여름에는 시리아 수도인 다마스쿠스가 반군에 포위될 정도였으며, 아사드 정권은 곧 무너질 상황이었다. 이러한 상황에서 2015년 9월 푸틴은 군대와 전투기를 파병하여 전황을 180도 변화시켰다. 튀르키예가 지원하던 반군 지역을 집중 폭격하고 반군에 대한 보급선을 끊어 에르도안의 구상을 무너트렸다. 시리아 내에서 튀르키예와 러시아의 이해가 상충되는 가운데, 2015년 11월 튀르키예 전투기가 러시아 전폭기를 격추시키자 러시아는 튀르키예에 대한 경제제재와 함께 유사시 튀르키예군을 공격하겠다는 위협을 가하여 튀르키예는 더 이상 시리아 문제에 관여하기 어렵게 되었다. 튀르키예는 러시아와의 대립 관계에서 동맹관계인 NATO의 지원을 기대하였으나 미국 등 NATO 국가들이 전혀 지원을 하지 않자, 튀르키예와 미국의 관계가 악화되었다.

시리아 문제 해결과 관련하여 튀르키예·미국·러시아의 입장은 서로 달랐다. 튀르키예는 아사드 정권 퇴출, 미국은 아사드의 퇴진보다 IS 척결, 러시아는 아사드 정권의 유지였다. 아사드 정권의 존치 필요성에 대한 러시아의 입장은 일견 설득력이 있다. 러시아는 설령 아사드를 축출한다고 하더라도 그를 대체할 지도자가 없고 시리아 내 여러 종파 간 갈등을 감안할 때 예상할 수 있는 것은 리비아와 이라크와 같이 시리아 국내 상황도 더욱 혼란해질 가능성이 있다고 주장한다.

러시아는 또한 어느 나라나 스스로 결정할 권한이 있고, 다른 국가는 국민들이 선거 등으로 결정한 정부를 인정해야 하며, 서구 국가가 자신들의 가치개념으로 다른 국가의 정체성 변경을 도모해서는 안 된다는 입장이다. 그럼에도 국민이 선택한 정부를 외부 세력이 무너트리는 것의 부당성을 주장하는 러시아의 주장이 정당하다고 보는 것은 단순한 생각이다. 러시아는 오히려 시리아가 전략적으로 중요하기에 비인도적인 아사드 정부를 적극 지원하고 있다. 중동에서 러시아 공군 및 해군이 주둔하는 유일한 곳이 시리아이며, 시리아에서 아사드 정부가 무너지고 친서방 정부가 수립되면 러시아의 중동 거점은 전혀 없게 되고 국제적 위상 역시 더욱 추락하게 되기 때문이다.

푸틴 대통령은 또한 러시아가 시리아 내전 등 주요 국제 문제에 관여할 만한 자격을 갖춘 세계적 지도국가(Global Player)이며, 따라서 국제 사안에 대하여 목소리를 낼 일정한 지분 또는 역량을 가지고 있다고 주장하여 왔다. 러시아는 냉전 종식 후 서구 국가들이 만든 국제질서를 존중하지 않으며, 서구 국가의 연합이 깨지거나 이완되는 것과 비례하여 러시아의 이해는 증가한다고 평가하고 있다. 러시아는 시리아가 서구 주도의 세계질서를 새롭게 재구성할 수 있는 지역이며 시리아 내전이 자국의 이해를 증진시킬 수 있는 계기로 보고 적극 개입한 것이다. 더욱이 2014년 크림반도 점령 이후 국제 경제제재를 받고 외톨이가 된 상황을 전환시킬 수 있는 곳이 시리아였기에 물러날 수 있는 상황이 아니었다.

튀르키예와 서방과의 관계가 소원하게 되고 시리아 문제에 대한 러시아의 강경한 입장을 의식하여 에르도안은 시리아에 대한 우선순위를 아사드 정권 퇴출에서 YPG 세력의 확산을 방지하는 것으로 변경하였다. 이 결과 에르도안의 우선순위는 YPG 세력 약

화, 아사드 정권 퇴출, IS 대응 등으로 변하였다. 반면 미국의 우선
순위는 YPG와의 공동 군사 조치를 통한 IS 격퇴, 이란의 영향력
약화, 아사드 정권의 퇴진 순으로 입장이 다르다. 이와 같이 러시
아의 시리아 문제 관여 폭이 커지면서 튀르키예는 전통적인 동맹
국가인 미국과의 간극이 벌어지고 러시아에 다가가는 형국으로
변하였다.

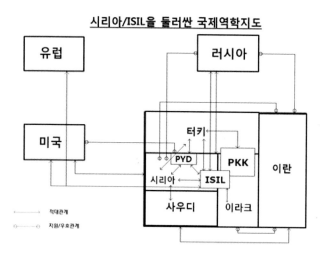

시리아 내전 시 관련국가 및 조직의 상호 협력적 또는 적대적 관계를 도표로 설명하고자 한다. 이 도
표와 같이 시리아 내전을 둘러싸고 3개의 큰 그룹이 형성되어 있다. 첫째 그룹은 비정부군사조직으
로 IS(ISIL이라고도 불림), 튀르키예 내 쿠르드 단체(PKK), 시리아 내 쿠르드 반군단체(PYD, 이의 군
사조직이 YPG) 이외에도 여러 시리아 반군단체(FSA 등)가 있다. 둘째 그룹은 시리아 주변 강국으로
튀르키예, 이란, 사우디아라비아 등이 시리아 문제에 적극 관여해 왔다. 셋째 그룹은 강대국으로 미
국, 러시아, 유럽이 시리아 문제 해결에 서로 상당한 이견을 보였다. 이 도표가 나타내 주듯이 시리아
의 아사드 정부가 통치력을 상실하자, 강대국·주변 국가·비정부군사조직이 시리아 국민들의 평화와
안전 확보를 지원하기보다 자신들의 세력을 확충하고자 하이에나같이 달려들었다.

터키 중부 아디야만(쿠르드인의 다수 거주지) 인근 넴루트산 정상

　　　　　　　오스만 제국의 영광과 쇠락, 튀르키예 공화국의 자화상

12

쿠르드 문제:
풀기 어려운 고르디우스 매듭

쿠르드인들은 유프라테스강과 티그리스강 사이의 메소포타미아 지역 산악 지대에서 수천 년간 생활해 온 민족이다. 정확한 숫자는 알 수 없지만 약 3,000만 명의 쿠르드인이 4개 국가에 분포되어 있다. 튀르키예에 1,500만여 명, 이라크에 700-800만여 명, 이란에 450-500만여 명, 시리아에 150-200만여 명으로 추산된다.

고대 역사가 크세노폰은 쿠르드에 대하여 기원전 이전부터 산악 지역에 살면서 호전적이며 누구에게도 굴복하지 않는 민족으로 기록하고 있다. 아타튀르크는 쿠르드 민족에 대해 소아시아 지역 소수민족으로서 그들의 존재를 인정하지 않았고, 튀르키예어를 구사하는 사람들은 모두 튀르키예인이라고 규정하였다. 즉, 국가는 하나이며 구분될 수 없다는 입장이었다. 반면, 쿠르드인들은 '우리들은 쿠르드인으로 태어났으며, 쿠르드인으로 죽을 것이다'라고 하면서 튀르키예 국적에 앞서 쿠르드 민족임을 우선시하였다. 이러한 측면에서 본다면 튀르키예 정부와 쿠르드 민족 간의 분쟁은 근원적으로 배태되어 있으며 해결의 실마리를 찾기는 쉽지 않다.

수천 년간 산악 지역을 옮겨 다니면서도 독립국가를 이루지 못한 쿠르드족은 중동에서도 천덕꾸러기 신세이다. 쿠르드 인사 가운데 유명한 지도자는 살라딘 정도로, 이슬람의 구원자로도 불린다. 그는 12세기 이집트에서 아이유브 왕조를 수립하고 십자군이 장악했던 예루살렘을 탈환하였으며, 제3차 십자군전쟁에서 리처드 1세가 이끄는 기독교 연합 세력을 무찔렀기에 역사적으로 명망이 높다. 이후 쿠르드를 대표한 지도자는 나타나고 있지 않다. 이러한 쿠르드족에 대하여 일부 외국인들은 연민의 정을 가지고 있다. 20세기 초반 미국 윌슨 대통령의 민족자결주의에 고무되어 일제의 침략에 저항하던 우리 민족이 비슷한 처지에 있었던 쿠르드에 동정을 느끼는 것도 이해가 된다.

그럼에도 쿠르드라고 하면 국제사회에서 테러단체로 지목된 PKK를 떠올리게 된다. PKK(Kurdistan Workers Party, 쿠르드 노동당)는 쿠르드의 거점인 디야르바크르가 위치한 튀르키예 동남부 지역에서 결성되었을 것으로 생각하지만 실제로는 1978년 앙카라 대학에서 공부한 외잘란과 소수 과격분자들이 앙카라에서 창설하였다. 1980년 군사 쿠데타 이후 위협을 느낀 PKK는 본부를 튀르키예와 대립관계였던 시리아로 이전하였는데 당시 하페즈 알 아사드 대통령은 소련의 지원을 받아 튀르키예 반대 세력인 PKK를 지원하였다. 자국 내 쿠르드족을 억압하고 있는 아사드 대통령이 PKK를 지원한 목적은 튀르키예가 지역 맹주로 부상하는 것을 경계하기 위한 것이었다. 또한 시리아계 사람들이 많이 거주함에도 1939년 프랑스군이 철수하면서 튀르키예 영토로 편입된 하타이 지역을 회복하기 위한 의도로 쿠르드 카드를 활용하였다.

PKK는 1984년 처음으로 튀르키예 정부를 대상으로 테러 행위를 감행하였고 이에 대응하여 튀르키예 군부도 강한 반격과 주동자 및 동조자 색출 후 처단, 동조 지역 통행금지 등 엄격한 조치를 시행하여 PKK에 상당한 인명피해를 주었으며 상호 불신은 증폭되었다. 튀르키예가 시리아에 대하여 1998년에 시리아를 근거지로 하고 있는 외잘란을 추방하지 않으면 전쟁을 벌일 것이라고 강하게 통첩하자 시리아는 외잘란을 제3국으로 추방하였다. 외잘란은 이후 모스크바·로마를 거쳐 케냐 나이로비에서 망명할 나라를 물색하다가 1999년 튀르키예 정보기관에 체포되었다. 그는 튀르키예로 압송되어 지금까지 마르마라해의 조그만 임라르(Imrali) 섬에 투옥되어 있다.

에르도안 총리는 집권 초기인 2005년부터 쿠르드와 평화협상을 시도하였다. 2005년 에르도안 총리는 쿠르드 문제와 관련하여 이전 튀르키예 정부의 미숙한 처리를 인정하고 미래로 나아갈 것을 공표하면서 쿠르드어를 사용토록 하고 쿠르드어 서적, 방송 및 문화행사를 허용하였다. 이러한 조치는 유럽에서도 환영을 받아 유럽 정상들이 2005년 튀르키예의 유럽연합 가입 심의를 시작하기로 하는 계기가 되었다.

그러나 이러한 화해 분위기는 오래가지 못하였다. 우선 튀르키예의 유럽연합 가입 협상이 시작된 지 불과 1년도 지나지 않은 2006년, 프랑스·독일·네덜란드 등 유럽 중추 국가들이 튀르키예의 유럽연합 가입 반대 입장을 표명하였으며 가입 심사 과정에서 쿠르드 인권 문제가 제기되었다. 국내적으로도 튀르키예 군부가 쿠르드에 대한 포용 정책을 강하게 반대하여 정부의 입지가 줄어들었다. 에르도안 집권 이후 군부의 세력이 약화되었다고 해도 여전히 강한 세력이었기에 무시할 수 없었다.

더욱 중요한 요인은 2003년 미국의 이라크 공격 이후 이라크 북부 진영이 점차 쿠르드의 영향권으로 진입하고 있는 상황이었다. 이 경우 PKK 세력이 튀르키예 동남부뿐만 아니라 이라크 북부에까지 미쳐 튀르키예로서는 버거운 상대로 발돋움할 가능성이 있었다. 이러한 가운데 에르도안의 화해 움직임은 2007년 PKK 게릴라가 튀르키예 군인을 공격함으로서 무너져 버렸다. 에르도안 정부는 게릴라에 대하여 강하게 대응하였지만 당시만 해도 협상의 끈을 완전히 놓지는 않았다.

2013년 이후에도 약 2년간 에르도안은 쿠르드를 포용하려는 정책을 추진하였으나 2015년 그러한 계획이 완전히 바뀌었다. 이는

오스만 제국의 영광과 쇠락, 튀르키예 공화국의 자화상

2015년 6월 총선 결과와 관련이 있다. 튀르키예 선거 규정에는 정당을 결성할 경우 10% 이상의 정당 득표가 있어야 의원으로 당선될 수 있어 쿠르드계 인사들은 1946년 선거 이후 2015년 이전까지 70여 년 동안 정당을 통하여 지역 대표를 배출하지 못하였다. 쿠르드인들은 그동안 선거에서 10% 이상 득표를 할 자신이 없었기에 동남부 지역 선거구에 무소속으로 쿠르드계 대표를 출마시켜 왔다.

에르도안 정부는 그동안 쿠르드에 대해 친화적인 입장을 취하였던 점을 감안하여 쿠르드계의 지지를 기대하였다. 그러나 젊은 데미르타쉬 당수를 중심으로 하는 쿠르드당(HDP)이 2015년 6월 총선에 처음으로 나가 10%를 훌쩍 넘는 득표를 하여 극우 정당인 MHP를 제치고 제3당으로 부상함으로써 집권당의 단독정부 구성이 불가능하게 되었다. 에르도안 대통령은 연합정부를 구성하는 대신 2015년 11월 총선을 재실시하였는데 여기서도 쿠르드당이 10% 이상을 획득하여 에르도안 정부의 견제 세력으로 자리 잡았다. 이후 집권 정의개발당(AKP)은 극우 정당인 민족주의행동당(MHP)과 연합하여 정권을 이끌어 가고 있는데 MHP는 강한 반쿠르드 입장을 견지하고 있어 국내 정치적으로 더 이상 쿠르드를 꺼안고 가기가 어렵게 되었다.

1,500만여 명의 튀르키예 내 쿠르드인들이 무조건 PKK를 지지하는 것은 아니다. 쿠르드의 본거지라고 하는 디야르바크르 지역

의 쿠르드인들은 테러 활동에 동조하는 경향이 강하지만 이는 일부에 불과하고 이스탄불 등 대부분 지역에서의 쿠르드인들은 이미 튀르키예에 편입되어 테러를 통한 문제 해결에 비판적인 입장을 보이고 있다. 튀르키예인 대부분은 쿠르드족에 희생된 튀르키예 군인을, 동남부 쿠르드계 사람들은 튀르키예군에 희생된 쿠르드족을 각각 순교자로 여기고 있어 감정의 골이 깊다. 쿠르드 문제는 수십 년간 튀르키예의 가장 민감한 문제로 지금까지 이어지고 있는 가운데 상호 갈등의 폭은 커지고 있어 해결점이 보이지 않는다.

튀르키예 정부는 튀르키예 내 쿠르드 단체(PKK) 및 시리아 내 쿠르드 단체(PYD, YPG)에는 적대적 입장을 보이지만 이라크 내 쿠르드에 대해서는 우호적인 입장을 보이고 있어 정치적인 고려가 작용하고 있음을 알 수 있다. 튀르키예가 이라크 내 쿠르드 단체(KDP, KRG)에 대하여 처음부터 우호적이었던 것은 아니다. 2003년 미군의 이라크 공격 당시에는 KDP가 미군을 적극 지원하여 거점을 잡은 이후 PKK와 연계하여 튀르키예의 위협 세력이 될 수 있다는 시각으로 매우 적대적이었다. 그러나 후세인 정권 몰락 이후 KDP가 이라크 북부에서 자치정부(KRG)를 구성하자 이의 현실적인 존재를 인정하면서 관계를 개선해 나가기 시작했다. KDP의 당수인 바르자니(Massoud Barzani)도 PKK와 협력을 하지 않겠다는 입장을 밝히고, 북부 지역의 석유를 튀르키예에 수출하는 데 합의하면서 서로 협력해 나갔다.

이러한 움직임에 대하여 이라크의 말리키(Maliki) 정부는 한때 튀르키예가 중앙정부와의 사전 협의 없이 지방 권력인 KRG와 협력을 진행해 나가는 것을 비판하면서 바스라 주재 튀르키예 총영사관을 폐쇄하고 튀르키예와 이라크 간의 무역을 제한하는 등 강경 조치를 취하였다. 그러나 IS의 이라크 영토 점령이 증가하는 시점에 말리키 정권이 무너지고 들어선 알 아바디(al-Abadi) 정부는 IS에 공동 대응하는 것이 선결과제였기에 튀르키예와의 관계를 개선해 나가면서 튀르키예와 KRG의 협력을 인정하였다.

지방자치 정권을 오랫동안 해온 KRG는 미국·튀르키예와의 협력에 대한 과신과 이라크 내 쿠르드인들의 독립 열망, IS의 위협 확산으로 이라크 중앙정부가 KRG에 대하여 여력이 없는 점을 활용하여 2017년 독립을 위한 국민투표를 실시하였다. 쿠르드인들은 절대적인 찬성으로 독립을 원하였지만 주변국인 이라크·튀르키예·이란뿐만 아니라 미국·유럽·러시아 등도 영토 구역의 변경을 반대하고 나서 쿠르드 독립의 꿈은 이루어지지 못하였다. 이 사건은 주변국들이 상호 대립하다가도 쿠르드 독립에 대하여 공동으로 반대하는 등 자국 이해를 위하여 사안별로 협력한다는 엄중한 국제적 상황을 확인해 주었다.

쿠르드는 거주하는 국가의 체제가 바뀔 때마다 그들도 상황의 변화에 적응해야 했다. 쿠르드 민족은 1639년 오스만 튀르키예-이란의 사파비드 국경선이 획정된 이후 두 나라의 다른 정치체제에 적응하여 왔다. 그러나 20세기 초 오스만 제국이 해체된 이후에는 튀르키예·이라크·시리아·이란 등 역사·문화·정치 제도가 서로 다른 나라와 다른 체제 안에서 살아 왔기에 쿠르드 간에도 더 이상 동질성이 있다고 보기 어렵다. 쿠르드족을 수용하고 있는 4개국은 다른 나라를 견제하는 세력으로 쿠르드족을 활용하면서도 쿠르드의 단합과 발전을 가로막는 데 서로 협력하는 모습도 보인다. 그 대표적인 예가 KRG의 독립 움직임에 4개국이 모두 신속하게 단합하여 강력히 반대하는 입장을 보인 것이다. 쿠르드 세력이 견제하기 어려울 정도로 확장될 경우 쿠르드를 제어하기 위하여 경쟁·적대관계이던 튀르키예·이란·시리아·이라크가 협력했던 예이다.

오스만 제국의 영광과 쇠락, 튀르키예 공화국의 자화상

이슬람의 상징 콘야 세마춤 ⓒ Murat Guelyaz

13

에르도안의 튀르키예:
어디로 갈 것인가!

2000년대 이후 에르도안 대통령에 대한 국제적 관심이 높아지고 있다. 외교잡지 「Foreign Affairs」에서 푸틴 러시아 대통령, 시진핑 중국 국가주석, 트럼프 미국 대통령과 함께 에르도안 대통령을 권위주의적 통치자로 분류하여 각각 분석한 바 있다. 다른 국제뉴스에서는 2000년 집권한 푸틴 대통령, 2003년 집권한 에르도안 대통령, 2005년 집권한 메르켈 총리 등 오랜 기간 통치를 하고 있는 지도자의 성향과 업적을 비교하고 있다. 2000년 이전에는 국제무대에서 거의 거론되지 않았던 튀르키예가 에르도안 대통령 집권 후 긍정적으로 또는 비판적으로 다루어지는 기사가 많아지고, 튀르키예에 대한 관심이 증가하고 있다.

테러, 전쟁, 에너지 등으로 중동 문제가 여전히 국제사회의 한 장을 장식하지만 중동 지도자 가운데 예전만큼 강력한 인상을 남기는 사람은 그다지 많지 않다. 이집트의 알 시시 대통령, 이란의 하메네이 최고지도자, 시리아의 아사드 대통령, 사우디아라비아의 무하마드 빈 살만 왕세자 정도가 어렴풋이 떠오르지만 에르도안 대통령만큼 강력한 인상을 남기는 지도자는 없다. 이는 에르도안 개인의 성향도 있지만 튀르키예의 상승된 위상 변화와도 관계가 있다.

2000년 이전 튀르키예에 대한 국제적인 시각은 군부가 사실상 실권을 장악하고 있는 가운데 경제력이 미약하며 서방 국가의 정책에 무조건 순응하고 있는 국가로 보았다. 그러나 에르도안 정부 출범 이후 튀르키예가 이슬람 국가로서 정부가 민주적으로 운영되고, 경제가 역동성을 보이자 연결고리가 미약했던 기독교와 이슬람, 유럽과 중동을 연결시켜 줄 수 있는 국가로 인식되어 서구인들의 기대가 높았다. 그러나 튀르키예는 점차 이슬람 중심의 사고방식을 강화해 나가면서 권위주의적 통치방식으로 서구 국가와의 기존 협력 구도에서 벗어나고 있다. 오히려 러시아·이란과 협조하는 가운데 독자적인 대외 정책을 추진하여 튀르키예는 서구 입장에서 상대하기가 쉽지 않은 국가가 되었다.

100여 년 전 오스만 제국의 색깔을 벗어던지고 정치 영역에 이슬람 종교가 더 이상 영향력을 행사하지 못하도록 하면서 서구식 제도를 도입하여 유럽 국가로 편입되기를 원했던 아타튀르크의 희망은 저물어 가고 있다. 아타튀르크가 얼마나 서구화를 원했는지, 죽어서도 로마 형상의 아고라에 안치되었을 정도이다. 그러나 에르도안의 통치 기간 중 모든 것이 변하고 있다. 그는 오스만 제국의 영광을 재현하고 이슬람 정체성을 가진 국가로 튀르키예를 변화시키고 있다. 앙카라의 웅장한 대통령 궁전, 이스탄불 내 대통령이 집무하는 돌마바흐체 궁전, 에르도안 모스크로 불리는 이스탄불의 잠르자 모스크 등의 건물과 과거 투르크 민족의 전통 무사 복장을 한 사열대가 주요 외빈을 접수하는 의전에서 오스만 제국의 모습이 보인다.

에르도안은 온건보수적인 이슬람 민주 정당을 창당하여 집권한 후 미국과 서구의 입장과 궤를 같이하면서 군부의 권력을 약화시키고 경제성장을 이루어 새로운 이슬람 지도자로 부상하였다. 그러나 경제성장을 통하여 국민적 지지가 상승하자 선거를 통하여 장기 집권을 추진하였다. 10년 이상 단독정부를 구성할 정도로 총선에서 연이어 승리하였으나, 2015년 6월 총선에서는 단독정부 구성에 실패하고 2019년 지방선거에서는 5대 도시 가운데 4대 도시에서 집권당 후보가 당선되지 못하였다.

에르도안에 대한 비판적인 여론이 조금씩 표출되고 있다. 국민들은 이슬람화 대신 언론의 자유와 정부의 투명한 운용을 요구하면서 2013년 게지 공원에서 에르도안 집권 후 처음으로 대규모 데모를 실행하였다. 이러한 국민적 요구를 에르도안 정부가 강하게 제압하면서 그는 권위주의적 지도자라고 평가되기 시작하였다.

오스만 제국의 영광과 쇠락, 튀르키예 공화국의 자화상

튀르키예 정치에서 쿠르드 문제는 항상 아킬레스건이다. 에르도 안 대통령 역시 이를 충분히 인식하여 집권 초기에는 튀르키예 내 쿠르드 세력(PKK)에 우호적인 입장을 보이면서 평화협상을 하였으나 협상에 실패한 후 쿠르드와의 전쟁이 언제라도 재발될 수 있는 불안한 상황이다. 또한 시리아 내 자치를 추구하고 있는 시리아 북부의 쿠르드 민병대(YPG)에 대하여 강한 군사 조치를 취하면서 PKK와 YPG 간의 연결을 막고 있으나 쿠르드에 대한 입장이 러시아·이란·미국과 서로 달라 튀르키예의 노력만으로 쿠르드 문제를 해결하기가 쉽지 않다.

에르도안 대통령은 주변 이슬람 국가와의 협력을 우선시하는 대외 정책을 추구하고 있어 서구 국가에 중점을 두었던 아타튀르크와는 상당히 다르다. 그러나 주변국과의 관계에서 주도적인 위치를 차지하려고 구상했던 '전략적 깊이' 정책은 성공을 거두지 못하고 외교의 유연성이 경직화되고 있다. 나아가 미국 등 서구와의 관계는 소원해진 반면 러시아·이란과 가까워졌지만 이들 국가와도 충분히 신뢰할 정도는 아니다. 상당한 외교 노력을 기울였음에도 불구하고 현재 중동 국가 가운데 튀르키예를 지지하는 국가는 카타르 정도이다.

집권 후 상당 기간 괄목할 만한 경제적인 성과를 거두었으나 지금은 경제도 점차 탄력을 잃어 가고 있다. 특히 서방 국가와의 정치적인 이견은 경제에도 영향을 미쳐 서구 자본의 투자가 정체상

태이며, 대외신인도가 떨어지고 튀르키예 리라화의 가치도 급격히 하락하였다. 에너지 측면에서 러시아가 중요하기는 하지만 서구 투자를 대체할 정도의 여력을 가진 국가가 아니며, 인재의 해외 유출이 증가될 가능성도 있다. 설상가상으로 신종 코로나 바이러스 영향으로 주요 산업인 관광업이 커다란 타격을 받고 있다.

최근의 경제적인 어려움에도 불구하고 에르도안의 통치 기간 중에 예전의 친서방주의로 나가기는 쉽지 않아 보이며, 서구 국가들에게는 튀르키예가 이전과 같이 가깝게 대하기에는 버거운 국가가 되었다. 서방 국가와의 협력에 적신호가 나타나고 정부에 대한 국내 지식인들의 반대도 증가하는 경향이다. 그렇다고 하여 서방 국가와의 협력을 증진시키고자 하는 여론이 급증하거나 에르도안 대통령에 대한 국민적 지지가 급감할 것으로 예상되지는 않는다. 여전히 다수 국민들은 에르도안 집권 이후 경제 상황이 나아지고 국제적 위상도 높아지고 있다고 믿고 있다. Pew Research Center가 국민들을 대상으로 한 조사에서는 튀르키예에 대한 자긍심이 매우 높은 수준으로 나타나고 강대국에 대한 의구심이 깊다는 결과를 보여주고 있다. 러시아에 대한 비선호도는 여전히 높았지만 미국에 대한 비선호도가 러시아보다 높게 나타나고 있는 점은 주목할 만하다. 특히 1999년 클린턴 대통령 방문 당시에는 52%가 미국을 선호했지만 2006년에는 12%로 급감했으며, 2014년 조사에서는 미국에 대한 비호감도가 73%에 이른 것

오스만 제국의 영광과 쇠락, 튀르키예 공화국의 자화상

으로 나타났다.

튀르키예의 지정학적 및 지경학적 중요성은 변하지 않는다. 최근 우크라이나 전쟁 이후 러시아-우크라이나 간 휴전 협상, 우크라이나 곡물 수출 협상을 위한 중재 노력 등 튀르키예는 앞으로도 유럽·중동·중앙아시아를 둘러싼 문제와 연계되어 그 역할이 줄어들지 않을 것이다. 에르도안 지도자는 지난 20여 년 집권하면서 튀르키예의 위상을 상당한 수준으로 올려놓았다. 그러나 집권 기간이 길어지면서 국내의 반대와 국제적인 견제도 증가하고 있다. 또한 튀르키예가 더욱 강한 나라로 가기 위해서는 해결해야할 과제가 산적해 있다. 국내적으로는 장기 집권의 정당성 확보, 쿠르드 문제의 해결, 새로운 경제위기의 극복과 대외적으로는 서방 국가와의 관계 재정립, 주변 국가와의 신뢰 구축 등 복잡한 과제를 헤쳐 나가야 한다. 튀르키예 내에서 정보가 자유롭게 교환되고 언론의 자유가 보장되어야 좋은 인력이 영입되고, 외국의 투자가 증가하여야 튀르키예의 경제가 2000년대 초기와 같이 활성화될 것이다. 어느 하나 쉬운 과제가 없다. 앞으로 국제사회는 에르도안 대통령의 행보나 그가 취하는 정책에 대하여 면밀히 주시할 것이다. 그가 역사에서 어떻게 평가받을지 여부는 앞으로 튀르키예가 당면한 문제를 어떻게 풀어 나가는가에 달려 있다.

터키 남부 지중해변 휴양도시 안탈리아 ⓒ Murat Guelyaz

나가는 글

외교관 생활을 하면서 우연치 않게도 사회적 혼란과 변혁의 모습을 많이 목도하게 되었다. 러시아에서는 1999년 말 모스크바와 지방 곳곳에서 폭탄테러가 발생하는 가운데 무력감에 빠진 시민들의 얼굴에서 죽음에 대한 두려움을 읽을 수 있었다. 그래서인지 거의 알려지지 않았던 푸틴 총리가 테러에 대하여 강하게 대응하자 그에 대한 국민들의 지지가 급상승하는 것을 보았다. 2003년 독일은 통일 후유증으로 경기가 침체된 가운데 일자리는 점차 줄어들고 노사갈등으로 전국 곳곳에서 집단 시위가 상시화되는 광경도 보았다. 여러 지역에서 혼돈의 모습을 보았음에도 2015년 이후 1년 반 동안 튀르키예에서 겪은 혼돈과 분열의 모습은 상상을 뛰어넘었다. 튀르키예에서는 전쟁·난민·테러·쿠데타 등이 복합적으로 일어났고, 시리아에서는 내전을 계기로 이슬람 극단세력(IS)의 칼리프 국가 건설 시도, 쿠르드족의 자치 움직임, 주변 국가인 튀르키예·이란·사우디아라비아의 영역 확장 경쟁, 강대국인 미국·러

오스만 제국의 영광과 쇠락, 튀르키예 공화국의 자화상

시아·유럽의 세력다툼이 전개되었다. 이는 실타래처럼 얽혀 있는 중동 문제가 평상시에 드러나지 않다가 사회 혼란을 계기로 수면 위로 드러난 모습이었다.

　사회적 혼란의 중심에 있는 쿠르드 문제에 관심을 두고 쿠르드계 튀르키예인들이 75-80%를 차지하고 있는 동부의 반 호수 지역, 세계문화유산으로 지정된 넴루트산으로 향하는 거점도시인 중부 아디야만 지역을 방문하였다. 쿠르드인들의 생김새를 유심히 보면서 안내자에게 그 특징을 물어보니 구릿빛 나는 피부색, 갸름하게 모인 턱선, 눈썹 사이가 거의 없을 정도로 이어진 눈썹 모양이라고 한다. 그러나 내가 다른 지역에서 쿠르드인을 보더라도 거의 구분하지 못할 것 같았다. 3,000만여 명의 쿠르드인들이 2,000여 년 이상 국가를 건설하지 못한 채, 어느 곳에서나 독립과 자치를 바라면서 살아가는 것은 어디에 그 원인이 있을까? 일제 강점을 경험했던 우리는 쿠르드 민족에 대하여 연민의 정을 가지게 되나 정작 쿠르드 자치정부가 독립하려는 움직임을 보이자 주변 국가와 강대국은 한목소리로 반대하였던 것이 국제 정치의 현실이었다.

　다른 문제는 이슬람 극단세력(IS)이다. 이들이 2014년 이후 2017년까지 커다란 영향을 미칠 수 있었던 것은 국가권력의 약화와 힘의 공백 때문이다. 이라크 후세인 정권이 붕괴되어 상당 기간 사회 혼란이 이어지고 시리아 아사드 정부가 아랍의 봄 영향으로 통치권이 약화된 상황에서 IS가 틈을 헤치고 부상하였다. IS는 그 전성기에 이라크·시리아의 상당 지역을 장악하였고, 85여 개국 3만여 명의 젊은이들이 IS에 합류할 정도로 인기가 있었다. 2015년 한국의 김모 군과 불과 15살의 중동계 영국 소녀 3명이 튀르키예 남부를 거쳐 시리아로 건너가 IS에 합류하였던 사건은 아직도 나의 뇌리에 깊이 남아 있다. 특히 전 세계에서 모여든 3만여 명 가운데 7,000여 명은 유럽·북미 등 서구 국가에서 태어났는데 그 공통점은 사회에 적응하지 못한 중동·북아프리카계 젊은이들이라는 점이다. 이는 극단세력의 발호가 사회의 차별성과 연관되어 있어, 다문화가정의 아이들이 차별받지 않고 부모가 정착한 사회에 잘 적응하도록 사회가 지원하고 도와야 한다는 교훈을 주고 있다. 중동·유럽에서 발생한 사건으로 우리와 상관없는 문제라고 인식할 수 있지만 우리 역시 다문화가정이 5%를 상회하고 점차 증가하는 점을 감안할 때 이들에 대한 사회적 배려가 더욱 중요하다는 점을 인식하여야 한다.

난민 문제 역시 사회적 분열을 가져올 수 있는 사안으로, 유럽과 튀르키예에서는 민감한 정치 현안이 되고 있다. 2021년 8월 미군이 아프가니스탄에서 철수하면서 난민 문제가 우리에게도 깊숙이 다가온 바 있다. 그러나 나는 튀르키예에 근무하는 동안 늘 거리에 떠돌고 있는 난민의 모습을 보았다. 또한 시리아 국경에 설치된 난민촌과, 앙카라 부근의 난민을 지원하는 보건소를 방문하여 그들이 생활하는 모습을 직접 보기도 했다. 이들은 과거 한국전 당시 우리의 모습이었고, 현재 탈북자들이 제3국에서 겪고 있는 모습이며, 미래 자유통일이 이루어지기 전까지 북한 동포들이 겪어야 할 모습이라는 생각에 남의 일 같지 않았다. 당시 시리아 난민이 처한 상황은 '나라를 떠나면 익사, 나라 안에 남으면 폭사'라고 묘사되곤 하였다. 시리아를 떠나 유럽으로 향하다가 배가 뒤집어지면서 지중해 바다에서 익사하여 표류하다가 해안가에서 발견된 3살의 어린이, 시리아 내에 어쩔 수 없이 남았지만 IS 공격을 받아 형제는 모두 죽고 잿더미 속에서 자신만 살아남은 5살 어린이는 시리아 사람들의 처지를 한눈에 알려주는 증거였다. 시리아 국경 부근의 난민촌에 수용되어 있지만 교육시설이 없어 뙤약볕에서 교육받는 아이들, 앙카라 부근의 난민 보건소에서 화장실을 이용하려고 장사진을 치고 있는 어린 여성들의 모습이 가련하기만 하였다. 이제 우리도 다른 사람들의 어려움을 보살펴야 한다는 생각에서 튀르키예 정부와 공동으로 난민 학교 4개와 난민 보건소 6개를 건설하여 기증하는 방안을 우리 정부에 건의하였다. 다행히 전부 받아들여져 튀르키예를 떠나기 전에 여러 지역의 기공식에 참석하면서 그들의 아픔에 동참하고 또한 나은 미래를 같이 기도하기도 했다.

2022년 6월, 4년 반 만에 다시 튀르키예를 찾았다. 3년 전 개통된 신공항에 내려 이스탄불의 중심지인 탁심 부근 호텔에 짐을 놓고 환전한 후 가장 번화하다는 이스티크랄 거리를 걸었다. 이 짧은 시간에 그간 변화된 튀르키예의 모습을 읽을 수 있었다. 먼저 전 세계가 아직 코로나로 시달리고 있음에도 이스탄불 신공항은 사람들로 북적이고 있었다. 연간 1.5억 명을 소화할 수 있도록 크게 건설된 신공항은 유럽의 네덜란드 스키폴 공항, 프랑스 드골 공항과 경쟁할 정도로 그 위세가 크게 상승되어 있었다. 1998년 처음 방문하였을 때 허름한 공항에 실망하여 튀르키예가 과연 한때 세계를 경영하던 국가였나 하는 의혹을 가졌던 기억이 떠올랐다. 신공항을 보면서 튀르키예가 일취월장하였음을 다시 느낄 수 있었다. 둘째는 튀르키예 리라화의 가치가 크게 하락하였음을 실감하였다. 대사로 부임하여 튀르키예 경제를 조사하던 2015년 초에는 1달러가 2.3리라 정도였으나 이제 17리라로 환율이 급등해 있었다. 이 결과 수입 물가는 크게 비싸지고 인플레이션도 80% 정도에 이른다고 하니 국민들의 삶이 상당히 팍팍해져 가고 있어 안타까웠다. 셋째는 유럽 관광객으로 넘쳐났던 이스티크랄 거리에서 유럽인의 모습은 거의 사라지고 아랍인들로 채워져 있었다는 것이다. 코로나 이전 우리의 경우도 중국인·일본인 관광객이 많았으나 한중·한일관계가 소원해지면서 두 나라의 관광객이 급감한 사례를 되새겨 보았다. 튀르키예와 미국·유럽 간의 관계가 소원해지면서 자연의 아름다움, 다양한 음식, 곳곳에 펼쳐져 있는 인류 문명을 즐기고자 튀르키예를 찾던 서구인들의 모습이 크게 줄어들어 국제 정치가 관광에도 미치는 영향을 알 수 있었다.

이 짧은 관찰은 튀르키예의 현재를 말해 주고 있다. 에르도안 대통령의 20여 년 집권 기간 동안 교통·도로·항만 등 사회 기간산업의 발전은 눈부시게 이루어졌고 이에 따라 국민들의 생활 및 교육수준도 높아졌으며 튀르키예의 국제적 지위도 향상되었다. 그러나 5년 전 관찰한 바와 같이 다시 한번 도약하기 위해서는 새로운 패러다임을 모색하고 대전환을 하여야 함에도 그러한 변환을 하지 못하고 있지 않나 하는 아쉬움도 들었다. 정치가 경직되고 사회의 역동성에 제약이 이루어지면서 자국 중심의 민족주의 경향이 널리 퍼지고 있는 것에도 그 이유가 있다. 인플레이션 형국에 환율이 급등하게 되고 이러한 경제적 불안 요인으로 해외 투자가 감소하는 등 경제가 선순환하고 있지 못하는 상황이 안타까웠다.

35년간의 외교관 생활 동안 6개국에 근무하고 50여 개국을 방문하면서 여러 사회의 부침을 유의 깊게 바라보곤 했다. 어느 나라이건 시간을 펼쳐 보면 큰 흐름이 보이게 마련이다. 우리 역시 지난 150년 역사의 두루마기를 펼치면 조선의 쇠락과 멸망, 일제 강점, 한국전과 분단, 산업화와 민주화 과정을 거쳐 현재에 이르렀다. 튀르키예 역사를 살펴보면 1299년 조그만 공국에서 발현하여 불과 100여 년 만에 제국으로 우뚝 섰으며 15-17세기에는 유럽 세력을 능가하는 최강국이었다. 그러나 18-19세기를 거치면서 유럽의 병자로 전락하여 쇠락하다가 1922년에는 제국이 멸망하였다. 1923년에 아타튀르크 주도로 새로이 탄생한 튀르키예 공화국은 2023년에 건국 100주년을 맞이하게 된다. 1년을 앞둔 현재 튀르키예인들과 지도자는 튀르키예를 중동 지역의 지도국가로 만들어 오스만 제국의 영광을 재현하려고 하지만 국내외의 현황을 볼 때 가까운 시일 내에 그 희망이 현실화되기는 어려워 보인다.

국가의 변화는 큰 흐름으로 흘러가면서 성장하기도 하고 쇠퇴하기도 한다. 그러나 이러한 흐름의 중심에는 지도자가 있어 그들을 분석하면 그 나라의 역사를 읽을 수 있다. 오스만 제국에는 메흐메트 2세, 셀림 1세, 슐레이만 대제라는 뛰어난 지도자가 있었고 튀르키예 공화국에는 사회 변혁을 주도한 아타튀르크와 에르도안 대통령이 있다. 현재의 튀르키예 공화국을 이해하기 위해서는 아타튀르크와 에르도안 대통령의 궤적을 살펴볼 필요가 있다. 특히 2003년 에르도안 집권 이후 튀르키예의 흐름은 우리가 마주하고 있는 역사의 현장이기에 우리 모두의 문제이기도 하다. 600년 이상의 오스만 제국과 100년의 튀르키예 공화국의 역사를 간략히 적어 내려가면서 역사의 중심에 있었던 지도자들에 대한 정보와 지식을 제공하는 데 초점을 두었지만 충분하지 않음을 느낀다.

3년 이상 대사직을 수행하는 기간 튀르키예는 테러·전쟁·난민의 어려움을 겪는 시기였고 재임 중 하루하루가 쉽지 않았지만 그렇기에 튀르키예의 속살을 들여다볼 수 있었다. 그러한 경험을 책에

오스만 제국의 영광과 쇠락, 튀르키예 공화국의 자화상

적어 내려갔고 여러 전문가들의 의견과 다른 서적을 참고하며, 또한 학생들과의 토론 과정에서 제기된 사안을 염두에 두면서 이 글을 적었다. 이 책은 1299년 오스만 제국의 발현에서부터 튀르키예 공화국의 현재에 이르기까지 그 흐름을 좇아가고 있을 뿐만 아니라 최근의 튀르키예 정세와 주변국과의 관계를 반영하고 있어 튀르키예와 중동을 이해하는 데 가교가 될 것으로 기대한다.

정약용은 '겨울의 냇물을 건너는 듯하고 사방을 두려워하는 듯하다'라는 노자의 말을 인용하여 머물던 초당의 이름을 여유당與猶堂으로 하였다. 이 책을 발간하면서 독자들이 과거와 현재의 튀르키예에 한 발자국 더 다가가는 데 도움이 되기를 바라는 간절한 마음을 가지면서도, 여러 부족한 점으로 무언가 겨울바람의 차가움이 피부에 스며들고 준열한 비판의 매서운 눈길이 바라보는 듯하여 두렵기만 하다. 독자들의 너그러움을 바랄 뿐이다.

2022년 8월

조 윤 수

참고문헌

김정위 편저, *이란사*, 한국외국어대 출판부, 2001.

유진 로건, *아랍: 오스만 제국에서 아랍 혁명까지*, 이은정 옮김, 까치, 2016.

이희수, *인류본사*, 휴머니스트, 2022.

제바스티안 하프너, *처칠 끝없는 투쟁*, 안인희 옮김, 돌베개, 2019.

제프리 베스트, *윈스턴 처칠 그 불굴의 초상: 절대 포기하지 않겠다*, 21세기북스, 2010.

칼레드 파흐미, *메흐메드 알리*, 이은정 옮김, 일조각, 2016.

Ahmad, Feroz, *Turkey: The Quest for Identity*, Oneworld, London, 2014.

Cagaptay, Soner, *Erdogan's Empire*, Tauris, London, 2020.

_____, *The New Sultan: Erdogan and the Crisis of Modern Turkey*, Tauris, London, 2017.

_____, *A Sultan in Autumn*, Tauris, London, 2021.

Clot, Andre, *슐레이만 시대의 오스만 제국*, 배영란·이주영 옮김, W미디어, 2016.

Davison, Roderic, *터키사 강의*, 이희철 옮김, 도서출판 펴내기, 1998.

Finkel, Caroline, *Osman's Dream*, Basic Books, 2007.

Freely, John, *The Grand Turk: Sultan Mehmet II*, Tauris, Lon-

오스만 제국의 영광과 쇠락, 튀르키예 공화국의 자화상

don, 2014.

Genc, Kaya, *Erdogan's Way: The Rise and Rule of Turkey's Islamist Shapeshifter*, Foreign Affairs(September/October, 2019).

Herrin, Judith, *Byzantium: The Surprising Life of a Medieval Empire*, Penguin Books, 2007.

Imber, Colin, *The Ottoman Empire*, Palgrave Macmillan, New York, 2007.

Inalcik, Halil, *The Ottoman Empire and Europe*, Kronik, Istanbul, 2017.

_____, *The Ottoman Empire: The Classical Age 1300-1600*, Phoenix Press, 2001.

Kinross, Patrik, *The Ottoman Centuries: The Rise and Fall of the Turkish Empire*, Perennial, New York, 2002.

_____, *Ataturk: The Rebirth of a Nation*, Phoenix.

Kinser, Stephen, *Crescent & Star*, Farrar, Straus and Giroux, New York, 2008.

Mansel, Philip, *Constantinople: City of the World's Desire 1453-1924*, London, John Murray, 1995.

Phillips, David J., *The Kurdish Spring: A New Map of the Middle East*, Transaction Publishers, New Jersey, 2015.

Polk, William R., *Understanding Iran*, Palgrave Macmillan, New York, 2009.

Quataert, Donald, 오스만 제국사, 이은정 옮김, 사계절, 2014.

Scott, Alev, *Turkish Awakening*, Faber & Faber, 2014.

Smith, Hannah Lucinda, *Erdogan Rising*, William Collins, London, 2019.

Stone, Norman, *Turkey: A Short History*, Thames & Hudson, 2017.